家主・地主・オーナーのための

30年後も選ばれ続ける「未来」の賃貸マンション経営

進和建設工業株式会社　代表取締役
西田　芳明

CROSSMEDIA PUBLISHING

はじめに

本書をお手に取ってくださりありがとうございます。

『家主・地主・オーナーのための30年後も選ばれ続ける「未来」の賃貸マンション経営』という書籍タイトルにある通り、30年後にも読者の方の賃貸マンションなどの財産・土地を後世に残せるように、その一助となるために、本書を上梓いたしました。

今後、日本国内は、人口減や高齢化によって、ますます賃貸マンションオーナーや、家主・地主の方々にとって、受難の時代となると予測できます。不安を煽るニュースや情報が溢れていることもあって、皆さまも「どうしたものか?」と、危機感を抱いていることから、本書を手にされたのではないでしょうか。

本書を通じて、私が何より、読者の皆さんにお伝えしたいのは、

①目先ではなく、長期的目線に立つこと
②入居者の幸せを優先する

という視点です。

私が代表を務める進和建設工業は、創業55年（2023年時点）、大阪・堺市を拠点に建築、住宅、土地活用、介護など多岐に事業を展開しています。**「住む人が幸せな街づくり、社員が幸せな人づくり」**を大義として、事業を行ってまいりました。

これまでに手掛けた賃貸マンションは750棟以上、部屋数は約1万2000室、ご縁のあったオーナーさまは約500名もいらっしゃいます（2023年8月時点）。相続対策などで賃貸マンションを建てたオーナーさまも含め、お付き合いあるすべての方に「成功大家」になっていただくべく、定期的に勉強会も開催しています。

そうした長年の経験の中で、賃貸マンション経営がうまくいく方と、そうではない方の違いも見てきました。うまくいく方の共通点は、長期的目線に立ち、かつご自身よりも入居者や、その地域の発展に意識を向けていらっしゃることです。
一方、うまくいかない方の共通点は、「すぐに空室が埋まって良かった、安心した」「いまの空室や入居率が気になる」といったように、目先の結果に囚われがちな点です。

「入居がなかなか決まらないのは、オーナーである私たちの方針に問題はないのか……」

「もっとこうしたら、入居者の方に喜んでもらえるだろう」

というような、オーナーさんご自身のサービスや課題に謙虚に向き合うことが、じつはオーナーさんの課題を解決する近道になるのです。
本書でもお伝えしますが、ご自身の物件だけが〝いま〟は満室(それは素晴らしいことですが)であるかどうかではなく、地域で入居者も集めていくといった視点に立つと、〝将来〟の満室にもつながるはずです。

時代の流れをつかんで先手を打つ

もうひとつ、読者の方にお伝えしたいのは、時代の流れをつかみ、未来を先取りすることです。

今後、賃貸マンション経営を取り巻く環境は、めまぐるしく変わっていくでしょう。現在から過去を少し振り返るだけでも、いまでは当たり前であるスマホ（iPhone）が世に登場したのは2007年のことです。たった16年前の話です。

昨今は、AIの台頭も目覚ましいですし、AIが人間の仕事を奪うという話もあります。10、20、30年先を想像すると、いまからでは考えられない状況となることでしょう。それだけに、オーナーさんは常にアンテナを張り、入居者のためにできる施策を講じ続けて欲しいのです。

時代の流れを掴み、未来を先取りする視点を持つことで、必ず30年後も、皆さんの賃貸マンション経営は安泰となるはずです。

賃貸マンション経営は「事業」である

ただし、そのアンテナを張り、オーナーさん1人で施策を講じるのは少々、荷が重いとも思います。そうしたときに必要なのが、当社のような専門家の存在です。

オーナーさんの中には、ただ漫然と、業者に言われるがままに、相続税対策で賃貸マンション経営を始めた方もいらっしゃるかもしれませんが、それではそう遠くない将来、経営に行き詰まることでしょう。

賃貸マンション経営は、「事業」である。そうした考えを持って、賃貸管理、経営管理を行っていくことが大切です。それにはあらゆる専門家を活用しなくてはなりません。オーナーは、その指揮者にならないとなりません。

そのために、これからの賃貸マンションオーナーとして、どんな視点や意識を持っておくと良いのか、本書を通じて解説してまいります。

なお、本書は、

第1章　賃貸経営の大前提となる環境変化／空室が当たり前の時代になる未来
第2章　これからの入居者集め。オーナー自ら入居者を入れる、街で人を集める時代になる
第3章　これからの間取り／時代やライフステージによる変化に対応

第4章　まずは賃貸管理。そして運営管理を
第5章　これからのオーナーに必須の「経営管理」
第6章　賃貸マンションオーナーとしてのSDGsと社会性の追求
第7章　これからの賃貸経営のために知っておきたい、海外賃貸事情

という構成となります。

本書が、皆さまの賃貸マンション経営の気づきやヒントになれば、著者冥利に尽きます。

では、これから具体的にオーナーとして知っておいていただきたいことをご紹介してまいります。どうぞ最後までお付き合いください。

2023年9月吉日
進和建設工業株式会社
代表取締役　西田芳明

Contents

Chapter 1 賃貸経営の大前提となる環境変化／空室が当たり前の時代になる未来

Chapter 2 これからの入居者集め。オーナー自ら入居者を入れる、街で人を集める時代になる

Chapter 3

これからの間取り／時代やライフステージによる変化に対応

Chapter 4 まずは賃貸管理。そして運営管理を

Chapter 5 これからのオーナーに必須の「経営管理」

Chapter 6
賃貸マンションオーナーとしてのSDGsと社会性の追求

Chapter 7 これからの賃貸経営のために知っておきたい、海外賃貸事情

Chapter 1

賃貸経営の大前提となる環境変化／空室が当たり前の時代になる未来

人口＆世帯数の減少は生産年齢人口の減少

これからのマンション経営にとって大前提となるのは、日本における**人口**、**世帯数**、**可処分所得**の減少という3つの**環境変化**です。

言わずもがな、日本はこれからますます人口・世帯数ともに減少していく予測が立てられています。人口の減少とともに、生産年齢人口も減少しているにもかかわらず、それとは逆に超高齢社会にある日本では高齢者の割合はどんどん増えています。

このことは、現役世代一人当たりが支える高齢者の人数が増えることで社会保障の負担が増大するということでもあります。このような状況では今後、ますます個人の可処分所得が減少していくことになります。可処分所得が増えていない現状は、家賃が上がらないということです。

さらにこのことはお金の問題だけでなく、**人口と世帯数の減少は部屋を借りてくれ**

る人の数自体が減少し、空室が当たり前になるということも意味しています。

これから先の未来を考えてみれば、マンションオーナーにとって、受難の時代が続くことは容易に予測できます。

実際に戦後、日本の生産年齢人口は１９９５年にピークの８７２６万人を記録した後は減少を続け、２０１５年には７７２８万人にまで減少しています。

また、図1をみると日本の総人口に占める生産年齢人口の割合は、１９９０年代半ばには70％近くありましたが、２０１５年には60・7％まで低下し、２０１８年には59・77％となり、60％を下回ったことがわかります。生産活動の中核を担う生産年齢人口の低下はそのままＧＤＰの低下につながります。

30年後にも選ばれる賃貸マンション経営を行うためには、まずこのような厳しい現状を正しく認識して、そこからしっかりと未来の予測を立てることが必要です。外部環境を把握しておくために、

①可処分所得
②人口
③世帯数

には、常に注意を払っておかねばなりません。

人口の年代別の特徴で特に注目したいのが、**50歳以上と独居高齢者**です。

特に50代男性は、未婚・非婚率が高くかつ、比較的経済的にも余裕がある人たちが多くなっています。シニアでは、介護が必要なく自立して生活している元気なアクティブシニアと、介護が必要な非アクティブシニアに分けることができます。介護を必要としない独居高齢者のアクティブシニアは、人とのふれあいやかかわりを求めている現状がありますので、**見守りサービス付き生活支援型マンションなどの一定の需要**は生まれるでしょう。

２０１５年の厚生労働省の調査によると、日本では一年間の婚姻件数は63万件ありますが、その一方で離婚件数は年間で22万件にのぼり、日本の離婚率は約35％前後と

図1　年齢3区分別人口割合の推移　ー出生中位(死亡中位)推計ー

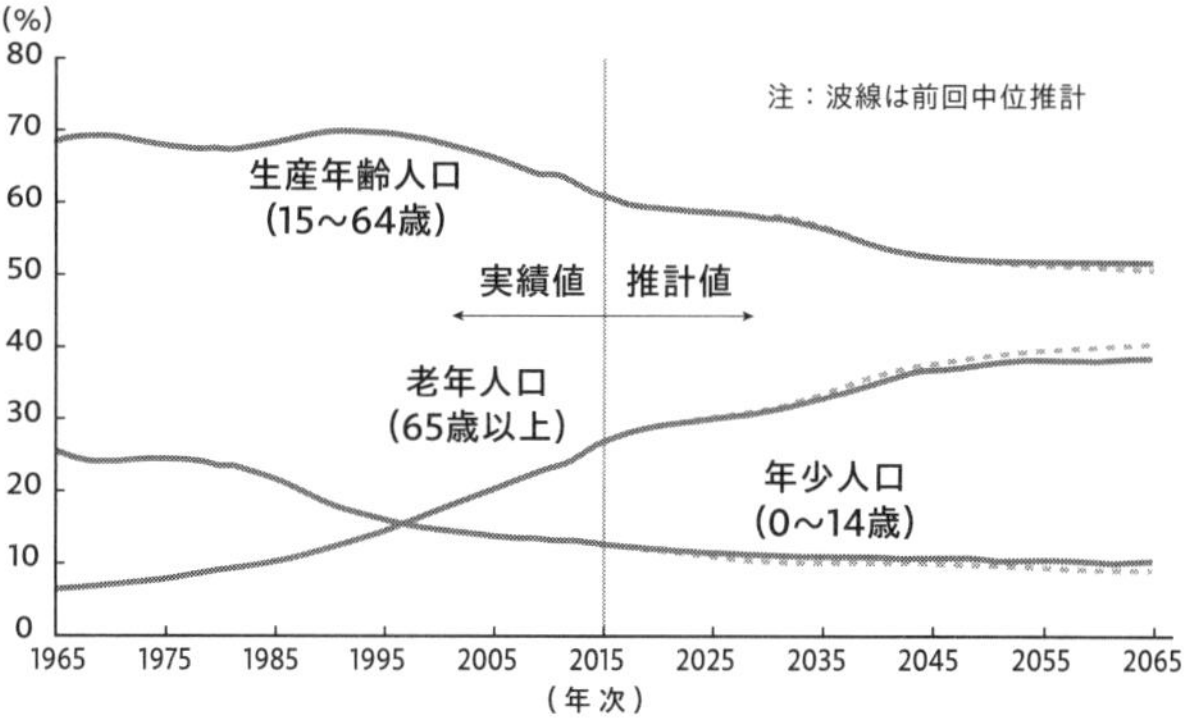

出典：日本の将来推計人口(国立社会保障・人口問題研究所)をもとに作成

なっています。（厚生労働省、「平成27年（2015）人口動態統計（確定数）の概況」）。

また、**国立社会保障・人口問題研究所の統計によれば、2019年時点で「50歳時点の未婚者」（以前は「生涯未婚率」とよばれていた）は男性が23・37％、女性が14・06％**となっています（国立社会保障・人口問題研究所「人口統計資料集2019年版」）。ただし、この統計の中には、自らの意思で結婚しない非婚と、結婚する意思はあるが結婚していない未婚の人の両方が含まれています。

実に、**男性の4人に1人以上、女性の7人に1人以上が50歳までに未婚あるい**

は非婚という実態が浮かびあがってきます。

私なら、これらの**入居者をターゲットに暮らし方を提案するタイプのマンションを企画**します。

2040年に消滅するかもしれない都市

さて、マンション経営をするにあたって、参考にすべき指標として他にも、**消滅可能性都市**というものがあります。**消滅可能性都市とは、2010年から2040年までの間に、20歳から39歳の若年女性の人口が50％以下に減少すると予測される自治体のこと**で、人口が一気に減少し、その結果税収が乏しくなり自治体としての経営が破たんしてしまう可能性のある都市（市区町村）のことをさします（図2）。

なお、すでに**2020年時点で、日本の女性が総人口に占める世代別の割合は、50歳以上が50・4％を占め、2030年には55・7％にもなります**。人口減とともにこの比率は年々高まっていきます。

読者の方のご自分の街の女性比率や、なかでも若年女性の人口がどう推移していくかを一度調べてみることをおすすめします。

図2 2040年消滅可能性都市

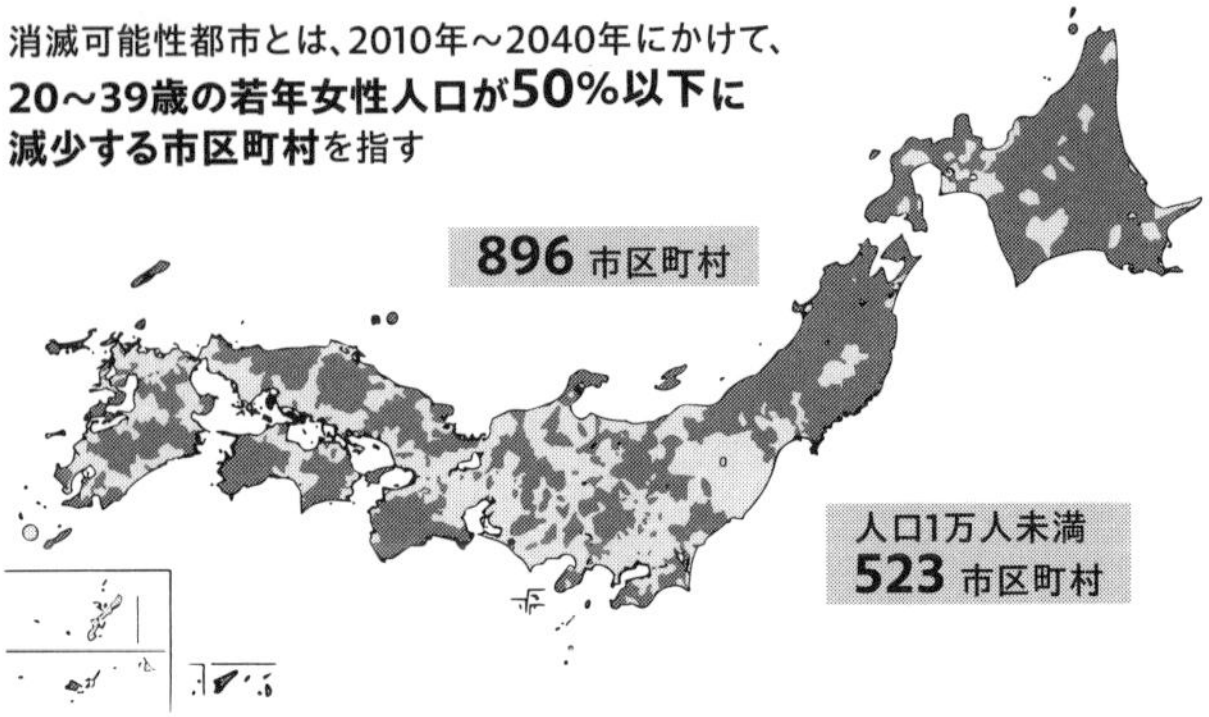
消滅可能性都市とは、2010年〜2040年にかけて、
20〜39歳の若年女性人口が50%以下に
減少する市区町村を指す
896 市区町村
人口1万人未満
523 市区町村

出典：日本創成会議資料をもとに作成

近畿2府4県をみてみると（表1）、近畿全体の消滅可能性都市の割合の平均は43％と意外に高いことがわかります。

近畿で一番消滅可能性都市の割合が高いのは和歌山県で、約77％もの都市が消滅可能性都市とされています。逆に一番割合が低いのは、滋賀県の約16％となっています。大阪府全体でも21％にあたる14の自治体が消滅可能性都市とされています。自身の物件のあるエリアがどのような状況にあるのか一度調べてみることをおすすめします。

表1 近畿の消滅可能性都市割合

関西だけで見てみると…

都道府県	消滅可能性都市数	全自治体数	割 合
滋賀県	3	19	15.79%
京都府	13	36	36.11%
大阪府	14	66	21.21%
兵庫県	21	49	42.86%
奈良県	26	36	66.67%
和歌山県	23	30	76.67%

都市部への人口流入の影響もあり、
関西でも消滅する可能性のある都市の割合は多い。

出典：日本創成会議資料などをもとに作成

ちなみに大阪を例にとると、大阪市内でも人が増える地域がある一方で人が減る地域もあり、都市内でも格差が生じています。茨木、高槻などは京都と大阪の中間に位置するため、人が増えていますし、尼崎、西宮も神戸と大阪の中間に位置するため、人が増えていますが、逆に堺市などは人が減ってきています。

地域から人がいなくなれば電気やガス、水道、鉄道、バスなどの生活に必要なインフラの整備が十分にできなくなります。当然、そのような場所には、人は集まってこないので、ますます人がよりつかないという状態が続くという悪循環に陥ります。一度インフラ整備が行き届かなくなると、再びインフラを整備するのは費用的にも時間的にも容易なことではありません。このように、**人がいなくなる地域でマンション経営を始めてしまったらどうなるでしょうか？**

いざマンション経営を始めて、せっかく付加価値の高いマンションを建てたとしても、そこがいずれ「消滅」してしまうかもしれないような地域ではマンションを経営しても利益を生むことは難しくなるでしょう。

生まれ育った愛着のある街にマイホームを建てるのならば問題ありません。しかし、オーナーさんが行うのは、あくまで**「賃貸マンション経営」**です。どんな建物ならば人が集まってくるか、周辺の物件との比較も含め、ご自身のマンションが魅力的であるかを冷静な目で判断できなければなりません。

地主さんやオーナーさんは、**家族や未来の子孫のためにも、現在のマンション経営の判断のため、人が集まっている地域と逆に人が減っていく地域について知っておく必要**があります。実際に、すでに消滅可能性都市は、マンション経営をしていくうえで、知っておくべき重要な指標の一つとなっているのです。

伸びない可処分所得は、家賃が増えない状況となる

次に、マンション経営に関係の深い指標として可処分所得をみてみましょう。可処分所得とは所得から税金や社会保険料などを差し引いた所得のことです。

実質可処分所得は2015年から2017年までの間減少の一方をたどっていて、2018年以降も予測では減少のトレンドとなっています。（図3）

増税や新型コロナ感染症の流行の影響、なかでもAIの台頭で仕事が置き換わっていく未来を想像すると、可処分所得はこれからも減少していくことでしょう。しかし、その一方でAIでは対応できないような付加価値の高い仕事をする一部の人々は逆に賃金が増加し、賃金の二極化がおこる可能性もあります。

可処分所得が伸びないということは、マンションオーナーの視点から見ると、「家

図3 可処分所得の予測

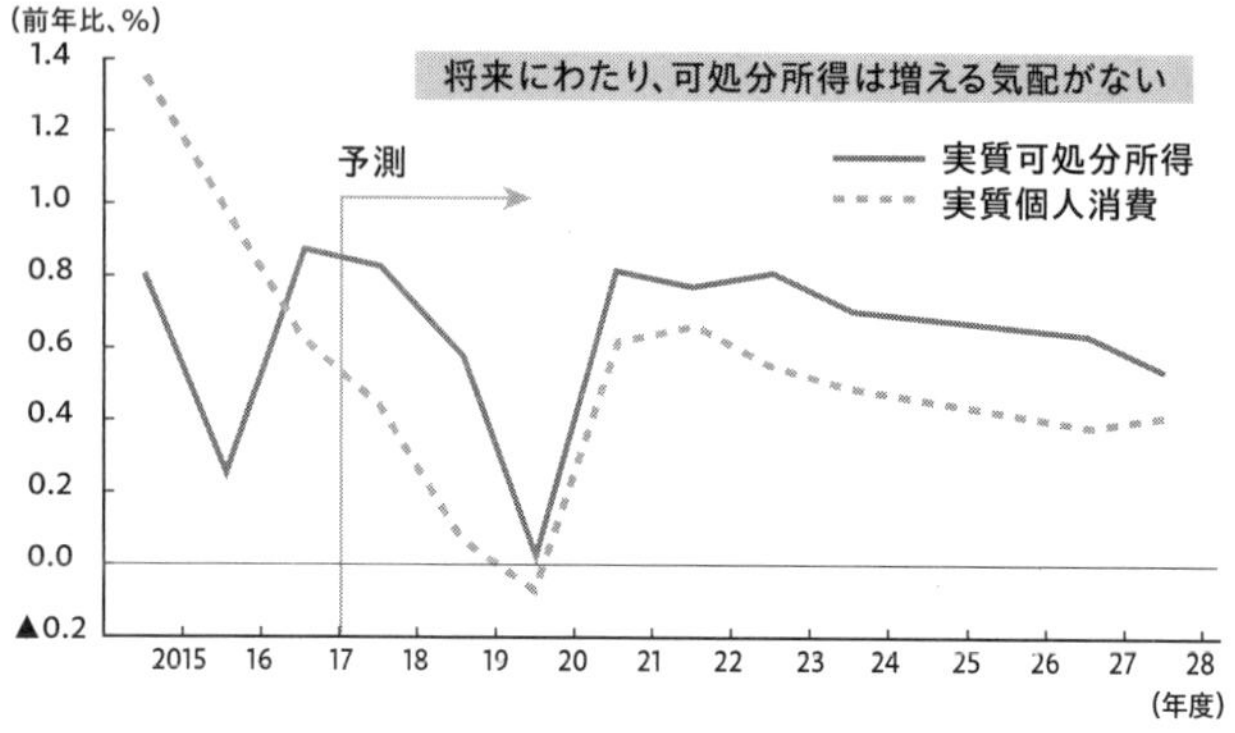

出典：みずほ総合研究所「内外経済の中期見通し」をもとに作成

賃が増えない／上げづらい」という状況と言えます。ところが、もし今後賃金の二極化が進んだ場合は、それに連動して可処分所得も減少する（もしくはほぼ変化しない）人々と逆に可処分所得が増加する人々とに二極化することも考えられます。そうすると、増加する人をターゲットにすれば「家賃が増える／家賃を上げやすい」という真逆の状況になります。10、20、30年後の未来を見据える上では、こうしたマクロな視点と予測も大切となります。

多額な国債が及ぼす影響
（税金や福祉関連費用が増加＝家賃に回せるお金が減少）

この他にも、可処分所得の減少に関係することとして国家予算があげられます。

２０２３年度の日本の予算案構成をみてみると、一般会計総額が１１４兆３８１２億円となっています。歳入のうち税収に目をむけると、２０２３年度の税収は69兆４４００億円となっています。その一方で、歳出から国債費（25兆２５０３億円）を除いた政策経費は89兆１３０９億円となっていて、税収だけでは政策経費をまかなえていないのが現状です。（図４）

また、社会保障費に目をむけると、社会保障費がＧＤＰに占める割合は年々増加していて、２０１８年（20・８％）と比べて２０２３年（23・５％）となっています。今後も高齢化にともなって増加が見込まれます。

図4 日本の税収と社会保障※

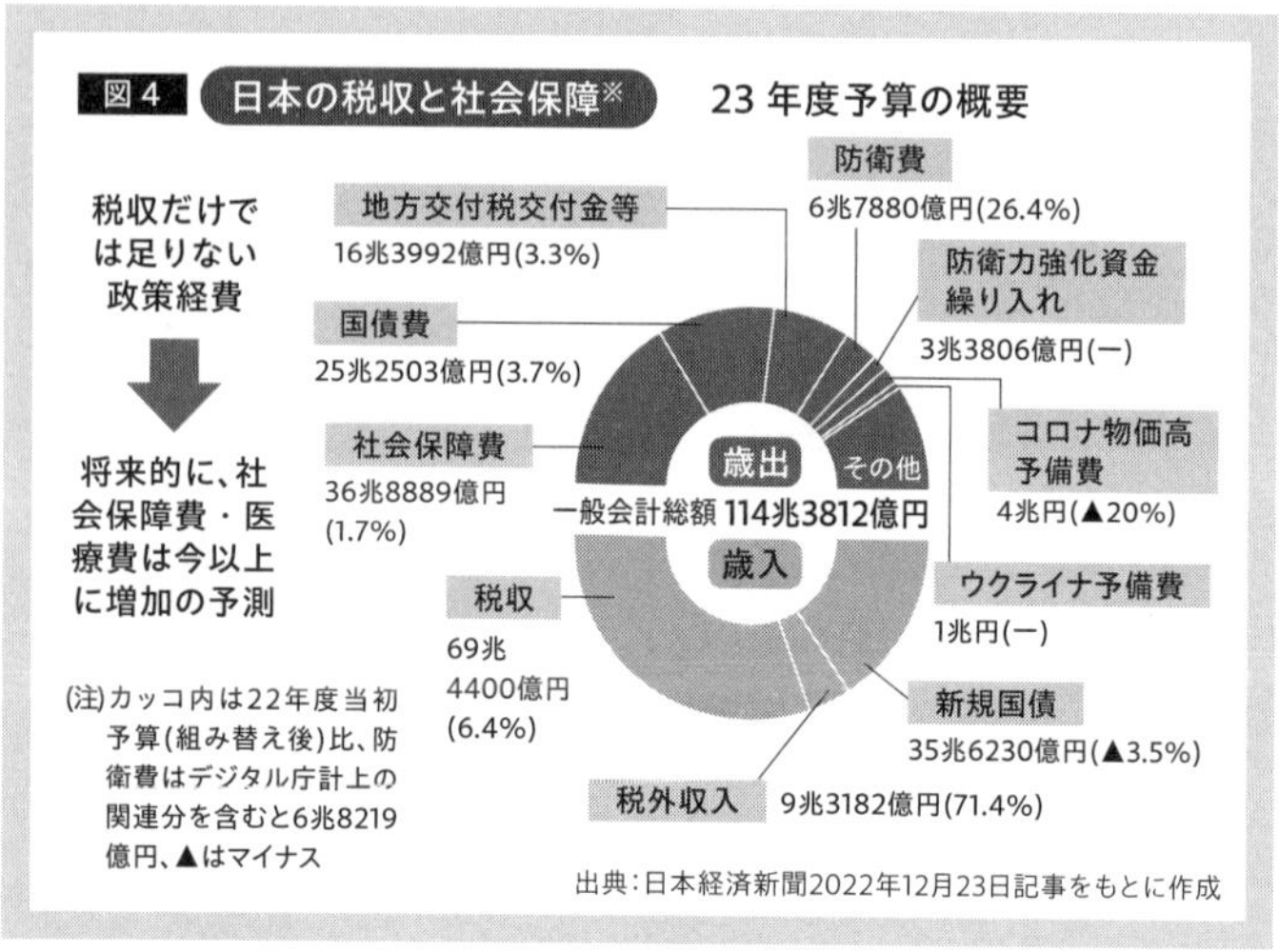

このような多額の国債の発行に加えて、税金や福祉関連費用の増加によって、入居者が実質的に家賃に回せるお金はさらに減少しています。

賃貸住宅を取り巻く環境は大きく変化しています。その変化に的確に対応していけるかが、マンション経営を成功させる上で重要です。

いずれにしても、これまで通りの賃貸マンション経営をしていたなら、給料がたとえ上がっても物価の高騰により今後家賃を上げられる見込みはかなり低いでしょう。環境変化によってもたらされる人口、世帯数、所得の減少という厳しい外部環境に対していかに適応した賃貸マンション経営をしていけるかが、30年後も選ばれ続ける未来の賃貸マンション経営をしていくカギとなるに違いありません。

空室が埋まらない時代になってくる

これからの時代は人口・世帯数・可処分所得の減少によって、家賃収入が下がること以外にも**そもそも空室が埋まらないという時代**になってきます。たとえば、空室率をみていくと、大阪府内の区市郡別では空室率が一番高いのが東大阪市で27・3%、逆に一番低いのが高槻市で10・1%となっています。（図5）

また、総務省によれば日本全国の空き家率は2018年時点で13・6%（平成30年住宅・土地統計調査住宅数概数集計結果の概要）と過去最高を記録しており、年々増加傾向にあります（図6）。しかも、空き家（848万9000戸）のうち、実に50%以上を賃貸用住宅（432万7000戸）が占めています。

図5 大阪府下の空室率データ

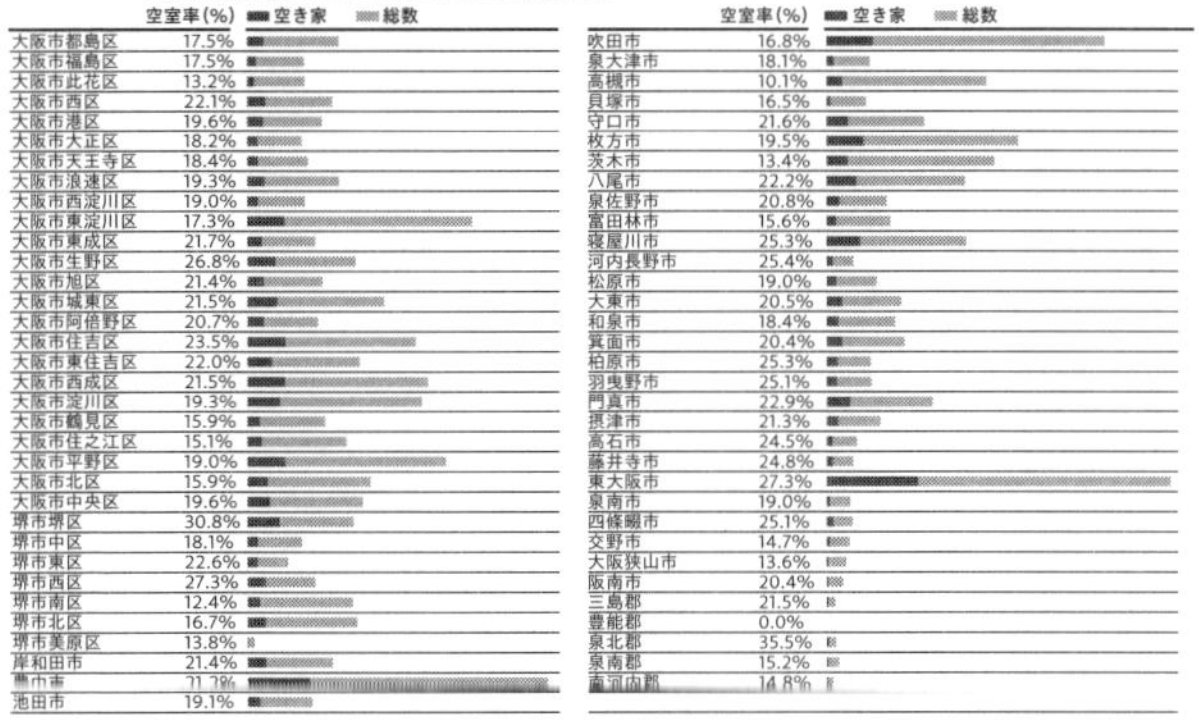

大阪府下で最も空室率の高い地域：東大阪市（27.3%）

出典：LIFULL　HOME'S見える賃貸経営より（データは2023年6月30日現在）

図6 上がり続ける空き家率

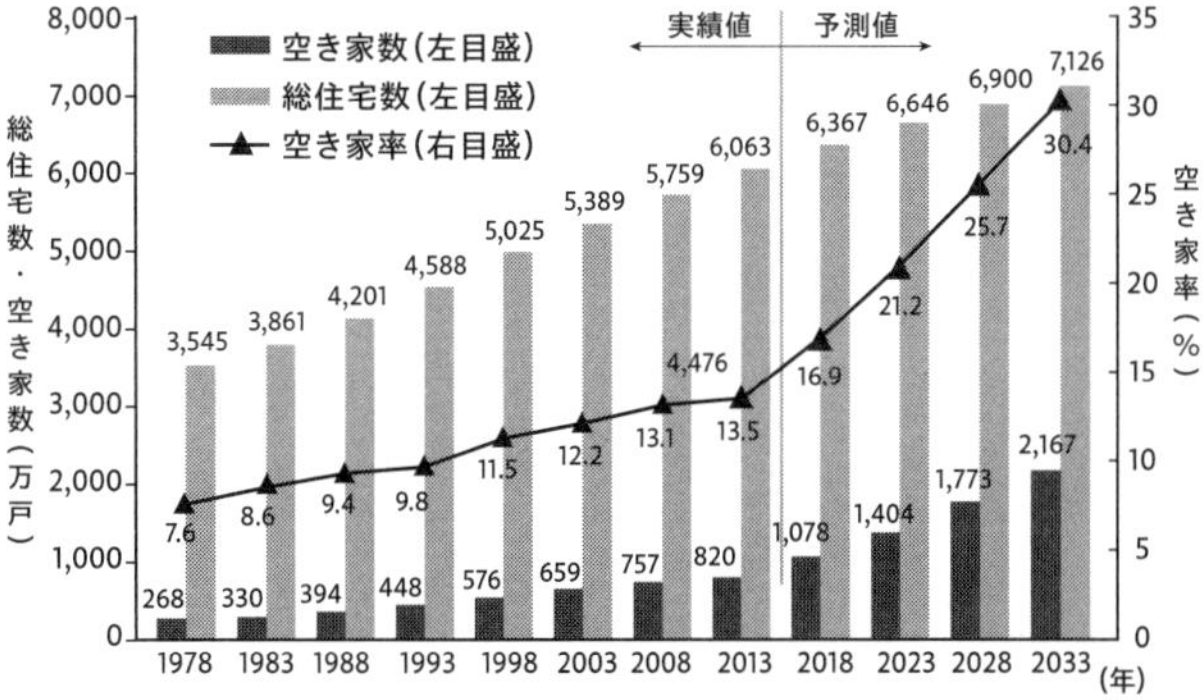

出典：総務省統計局・野村総合研究所資料をもとに作成

近畿の空き家率は14・9%で全国平均よりも1・3ポイント高くなっています。また、大阪府の空き家率は15・2%で同1・6ポイント高くなっています。近畿や大阪府は住宅着工数が増加傾向にある一方で、全国平均と比べても空き家率が高いという現状がわかります。

空き家数と空き家率ともに全国的に増加し続けており、人口と世帯の減少という大前提から考えても、その傾向は今後も継続すると考えられます。増え続ける空き家は社会問題と化している一方で、そのことを意識して賃貸住宅経営をしている方はさほど多くないのではないでしょうか？　その理由の一つに、実際に空き家が賃貸住宅経営にどう影響するかがわかりづらいということがあります。空き家になると単純に家賃収入が発生しなくなるというのは誰でもわかるのですが、空き家の発生による影響はそれ以上のものがあります。実は**空き家の発生によりオーナーさんや地主さんが支払う税金の額が大幅に増える可能性がある**のです。

日本では空き家に対する行政の対策として通称「空き家法」（正式名称は「空き家対策特別措置法」）が2015年2月に全面施行されています。

空き家法では、自治体が調査をして問題ありと判断すれば「特定空家等」に指定することができます。もし、オーナーさんや地主さんの土地がこれに指定され、なおかつ勧告を受けると住宅地用特例（住宅用地の固定資産税と都市計画税が面積に応じて3分の1から6分の1に軽減される措置）が適用されず、結果として支払うべき固定資産税や都市計画税が大幅に増えてしまうことになります。

特定空家等に指定されれば、自治体は所有者に対して、指導、勧告、命令を行ったり、代執行を行うことができます。指導や命令が出された所有者はそれに対応する義務が生じるため、適切な対応をしなければなりません。

特定空家等に指定されるのは次のような場合です。

- ・倒壊など著しく保安上危険となる恐れがある
- ・著しく衛生上有害となる恐れがある
- ・適切な管理がされていないことによって著しく景観を損なっている

・その他周辺の生活環境の保全を図るために放置することが不適切である

空き家になって放置しておくと、**家賃収入が得られないだけでなく、不利益をもたらす可能性がある**のです。この点を理解していないと痛い目をみますので、オーナーさんや地主さんは空室対策とともに空き家対策にも力を入れていく必要があります。

実際に空き家の増加にともない、自治体による特定空家等に対する助言・指導・命令などの措置件数が増加していますので、オーナーさんは土地活用とともに事業を視野に入れておくことが大切です。建物を建てたらそれで終わりではなく、入居者が常にいる状態をつくりだしていく必要があります。

先に紹介した大前提を含め以降の本書の内容をふまえて、未来予測を立てた上でご自分の地域ではどのような賃貸住宅経営をしていけば入居者に選ばれる経営をすることができるのかを考えてみてください。

30年後も選ばれ続ける賃貸マンション経営を行うためには、最低限以下の対策は必要です。

・消滅可能性都市にならない可能性が高い都市を選ぶ
・空室率や空き家率が低く推移するエリアを選ぶ

建物を建てる人がいなくなる未来
（建物を建てたいというニーズが少なくなっていく）

人口・世帯数・可処分所得の減少という環境変化を踏まえると、これからはある問題が生じるだろうと私は考えています。すなわち、これからは**建物を建てたいというオーナーさんのニーズが減少していく**という問題です。どういうことかというと、オーナーさんに次のような思考をする人が増えてくるということです。

人口減少とそれにともなう世帯数の減少
⇩入居者の絶対数が減少
⇩入居者がいないので賃貸経営自体が儲からない
⇩建物を建てても仕方ない

このような思考のオーナーさんが増えると、建物を建てるというニーズは必然的に減ることになります。実際に人口が減少し、世帯数も減少の一方をたどる予測のもとでは、**今後は何も対策を講じなければ空室がどんどん増えていき空室が埋まらなくなる時代**がやってきます。

賃貸マンション経営において絶対にやらなければならないことがあります。それは、資産保全計画を立てることです。つまり、**何のためにマンションを建てるのかという土地活用の目的を明確にし、「資産の活用とその継承」の全体像を描くということ**です。

オーナーさんのなかには、相続税・所得税対策としてマンションなどの建物を建てるという方が多くいらっしゃいますが、資産保全計画の中に相続（税）対策があり、相続（税）対策の中に土地活用があるのです。

したがって、たんなる相続税対策というのであれば、わざわざ自分が所有する土地にマンションを建てなくても生前贈与や生命保険などを活用すれば十分という場合もありますし、相続税対策だけが目的の地主さんの方は、まず本当に建物を建てる必要があるのかということから考えていただきたいと思います。

相続税が上がる可能性

相続税というトピックを深堀りすると、今後は**相続税がさらに上がる可能性**があります。海外では相続税は廃止の方向に向かっていますが、日本の税収をみると反対におそらく上がるのではないでしょうか。

現在の相続税率は最低10%から最高55%となっていますが、相続税の歴史をみると、かつて（１９８７年まで）の相続税率は最高で75%ありました。その後数度の相続税率改正を経て、最高税率は引き下げられました。しかし、近年では２０１５年に相続税の税率の引き上げと基礎控除の引き下げが行われ、このとき最高税率は50%から55%へ引き上げられました。近年は相続税の納税負担額は確実に増えてきているのです。今後も相続税はじわじわと上がっていくのではないかと予想されます。

人口が減る、世帯数が減るといった傾向性はなんとなく理解しているというオーナーさんは多くいらっしゃいます。しかし、実際に人口・世帯数・可処分所得の減少といった環境変化がどのように賃貸経営に影響するのかに関しては、ほとんどの方が具体的なイメージをもっていないのです。結果としてそのような方々は、これらの環境変化に対してなんとなく知っているだけなので、なんら具体的に行動を起こせていないのです。

上記の環境変化についてその影響を理解したなら、もはや一刻の猶予もないということにお気づきでしょうか？　今日から具体的に行動につなげていってオーナーさん一人ひとりが30年後も選ばれる「未来」の賃貸マンション経営のために変わっていっていただけたら著者としてこれほどうれしいことはありません。

南海トラフ大地震や超大型台風など、来る大災害に備えておくことが重要

環境変化について避けることのできないテーマが、昨今の自然災害リスクです。毎年のように大きな水害が発生していますし、地震大国の日本では常に地震リスクにさらされています。今後30年以内に東海地震が発生する確率は約87%、首都直下型または東南海地震が70%程度というデータもあります。地震は歴史をみれば明らかなように、周期的に起こる自然災害です。

特に今後は、南海トラフ地震をはじめ巨大地震などの自然災害が発生するだろうといわれており、**自然災害に対する備えはますます重要**になってきています。

実際に、南海トラフ地震は過去100年から200年の周期で大地震が発生しており、政府の地震調査研究本部による予測によると今後は30年以内にマグニチュード8〜9規模の地震が発生する確率が70%から80%と予測されています。

オーナーには入居者を守る「責任」があります。

オーナーとしてできることには、**建物そのものを強固にすること、免震構造の検討、災害時のライフラインの確保、蓄電池の備え、自然エネルギーの活用での電力確保、地震保険に加入しておく**などがあります。今後発生する何らかの自然災害に遭遇しても大丈夫なように、必ず対策を講じておいてください。

これからのオーナーに必須の「経営管理」

大前提となる人口・世帯・可処分所得の減少や賃貸経営のリスクについて「なんとなく」理解した気でいるオーナーさんは多くいらっしゃいます。

しかし、残念ながら**それらが賃貸マンション経営にどのような影響を与えるのかというところまで当事者意識をもって、具体的に突き詰めて考えておられるオーナーさんはほとんどいらっしゃらない**というのが現状です。

そのような方々は、環境変化が与える影響についてイメージできていないので、実際は何も行動されていない、つまり何も対策を講じていないのです。今からでも遅くはありませんので、これら環境変化が及ぼす影響についてしっかり理解して、具体的にどうすればいいのかをイメージして自らの行動につなげていってほしいと思います。

そのために、厳しい賃貸市場の未来で勝ち残る上で、「企画」「運営」「経営管理」「出口戦略」が重要となってきます。なかでも「経営管理」が大きなキーワードです。次章より詳しく解説していきましょう。

Chapter 2

これからの入居者集め。
オーナー自ら入居者を入れる、
街で人を集める時代になる

オーナー自身で入居募集をする時代に。入居者はオーナーで決める

これからの時代は、基本的にオーナー自身が入居者を集め、入れる時代になっていきます。

すでにＩＴの発達とインターネット回線の高速化により、不動産会社のウェブサイトに掲載されている情報だけで、不動産会社や物件を実際に訪れることなく入居を決めるということが主流になっています。

今後は不動産会社に入居者募集の仲介をしてもらうことすら必要なくなって、オーナーさんが自分自身で入居者募集のウェブサイトを立ち上げて、直接募集することになるでしょう。

実際、すでに入居者の部屋探しの様相は変わってきています。

図7　不動産会社店舗への訪問数

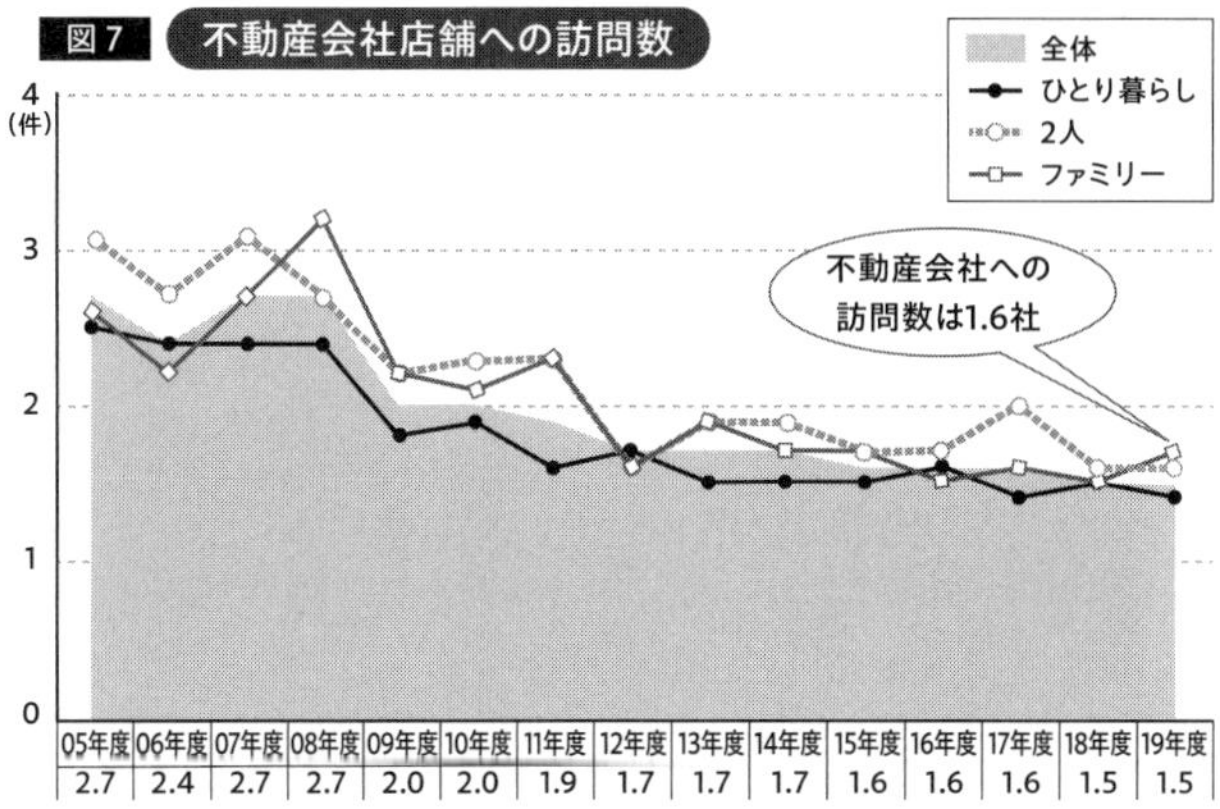

出典：2019 年度の賃貸契約者調査の結果（株式会社リクルート住まいカンパニー）をもとに作成

賃貸マンションの契約までのプロセスを、入居者側の立場から見ると、不動産会社に足を運ばなくなっているのです。図7をみてください。これは、入居者が部屋探しをする際に実際に不動産会社へ訪問した数を調べたものです。

2005年には2・7社であったのが、2019年には1・5社となっています。

また、図8は入居者が部屋探しの際に、実際に物件を見に行った数を表していますが、これも減少し続けており、2005年は4・9件であったものが2019年は2・7件と過去最低を記録

図8　部屋探しの際に見学した物件数

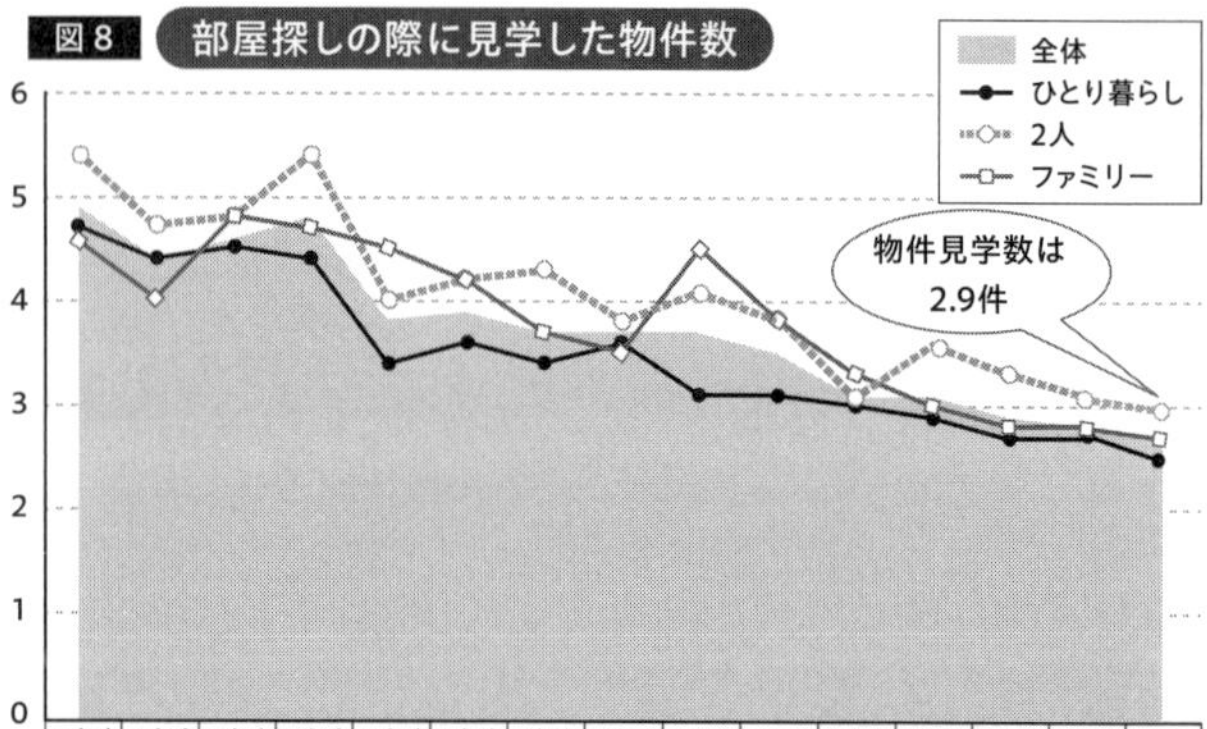

05年度	06年度	07年度	08年度	09年度	10年度	11年度	12年度	13年度	14年度	15年度	16年度	17年度	18年度	19年度
4.9	4.4	4.6	4.8	3.8	3.9	3.7	3.7	3.7	3.5	3.1	3.1	2.9	2.8	2.7

出典：2019 年度の賃貸契約者調査の結果（株式会社リクルート住まいカンパニー）をもとに作成

しています。

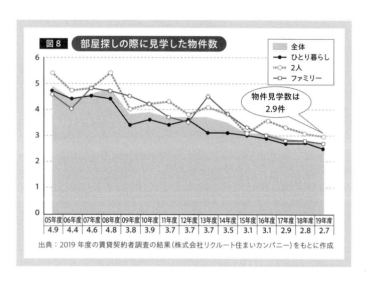

これらからは、入居者が部屋探しの際に訪れる不動産会社の数と、実際に見に行く物件数が減っているという現実がみえてきます。

賃貸マンション経営をする側からすれば、自分が所有する物件をどの不動産会社で紹介してもらうか、あるいは宣伝するかによって入居者の数が左右されてくる可能性があるのです。入居者が訪問もしないし、ウェブサイトもないような不動産会社には、自分の大切な物件を任せるわけにはいきません。なるべく入居者が訪れてくれて物件を掲載しているウェ

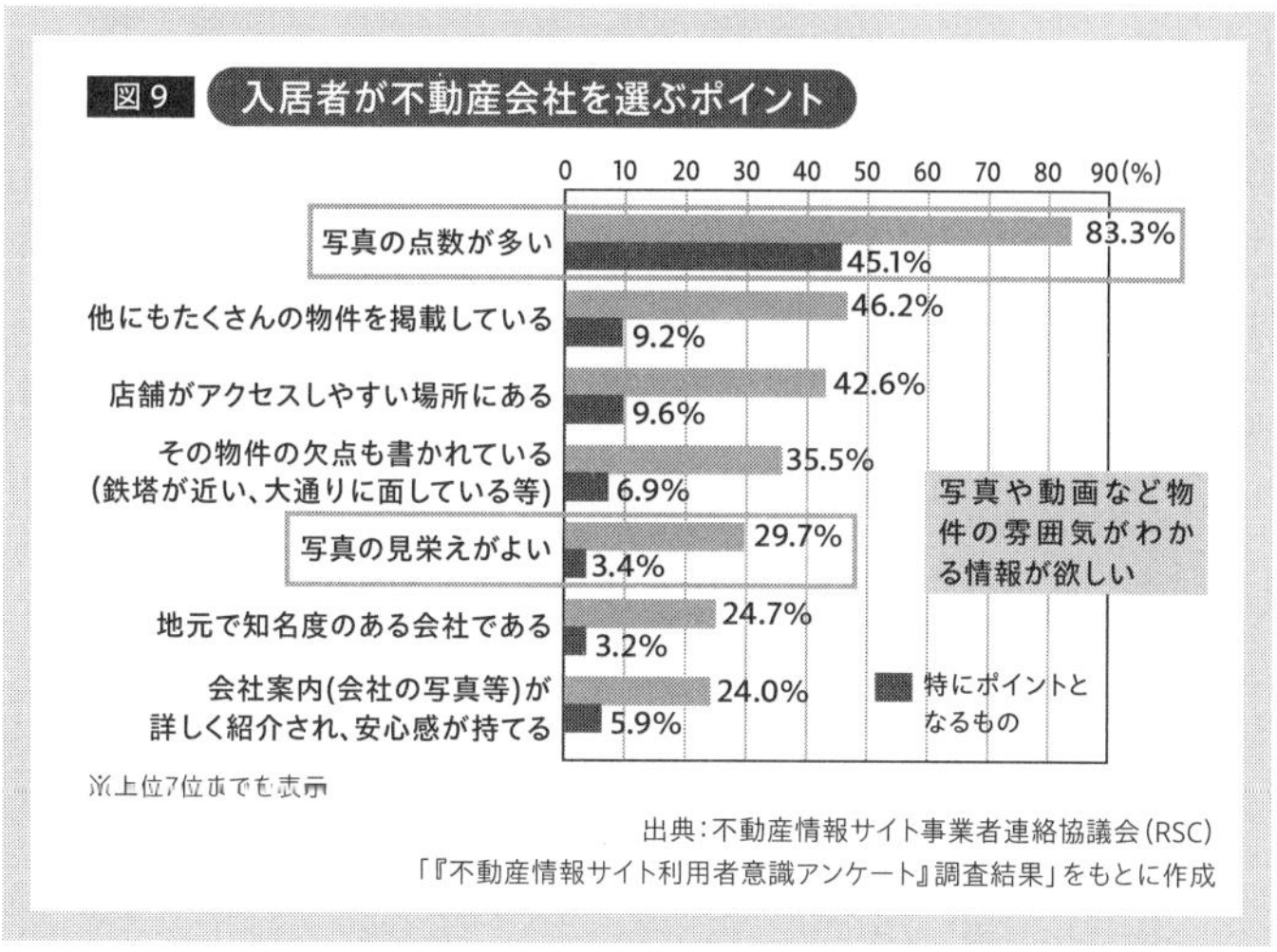

ブサイトにもアクセスしてくれる不動産会社のほうがいいに決まっています。

では、実際に入居者が不動産会社を選ぶ際の基準として、どのような点が重視されているのでしょうか？

図9は、入居者が不動産会社を選ぶ際に何を基準にしたかというポイントをまとめたものです。部屋（物件）に関しては、**写真の点数が多いこと、部屋の雰囲気がわかる動画があることなどがポイント**としてあげられています。

入居者に選んでもらうための入り口として、入居者が部屋に住んでみたときのことが想像しやすいように、**部屋の様子がわかるように360度部屋の中を見渡せる立体的な3D写真を多く掲載することや、部屋の雰囲気を動画で伝えることなどはますます必須**となってくるでしょう。

入居者の部屋探しのプロセスを知ることは、入居者に対してどのようにアプローチすればいいかを知ることにもなりますので、以下にそのプロセスを簡単にまとめておきます。

①インターネットで住みたい物件を検索する
・検索エンジンを使って直接検索する
・ホームズやスーモなどの賃貸情報プラットフォームを使う
②物件名を調べて、物件情報のみを探す
③物件のホームページがあれば、そのままオーナーに直接連絡する／ない場合は、適当な不動産会社を探して問い合わせる
④現地内覧を行い、入居を決める

実は、①から③まではオーナーさん自身の物件のホームページがあり、問い合わせ先が設定されていれば、一つのプロセスで完結します。つまり、部屋探しをしている人がインターネットで検索してオーナーさん自身の物件のホームページがヒットすれば、そこから直接オーナーさんに連絡をとることができるのです。

オーナーさん自身が入居希望者と直接連絡をとり、やりとりすることで、オーナーさんからすれば仲介業者を通さずに、自分自身で入居者を決められる上に、入居までの時間を短縮できるというメリットがあります。また、**入居希望者からすれば、仲介業者を通さないことで仲介手数料がかからないため、そのぶん初期費用を安く抑えることができ、入居までの期間を短縮できるというメリット**があります。

入居者が入居を決定するプロセスでは、④が重要になります。前述した部屋の360度写真や3D写真に加えて、物件の周辺道路や環境がわかる写真や資料も掲載しておくことで、入居者は実際に現地に行って内覧することなく、それらから総合的に部屋とその環境について判断することができるため内覧の必要なく入居を決めることができるので、ここでも時間の節約をすることができます。現在でもすでに現地確認をすることなく、図面や部屋の写真だけみて入居申し込みをする入居者はたくさんいますが、部屋の３６０度写真や３Ｄ写真、周辺環境のわかる写真や資料を用意すれば、現地で実際に内覧をすることなく入居を決める人は今後さらに増えるはずです。

セルフ内見という方法

例えば、学生の入居者の多い物件なら進学を機に地方から物件探しに訪れる保護者の方もいらっしゃるでしょう。それがわざわざ現地に足を運ばずにできるならば、その物件を選ぶ理由にもなるはずです。

これからの時代は**「現地確認ではなく、ウェブを使った内覧に変わっていく」**。ピンとくるオーナーさんはいますぐにでも対応してください。

実際に、不動産会社に訪問する必要がなく入居者自身が部屋の内見を一人でおこなうことができる**「セルフ内見」**もすでに始まっています。（図10）。

セルフ内見では、ウェブ上で申し込みをするとスマートフォンに電子鍵が届き、入居者が自分で内見したい部屋までいき、あとは電子鍵を使って開錠して内見を行います。その後、内見した物件を気に入ったら、ウェブ上で申し込みをして入居となります。

図10　物件のセルフ内見化

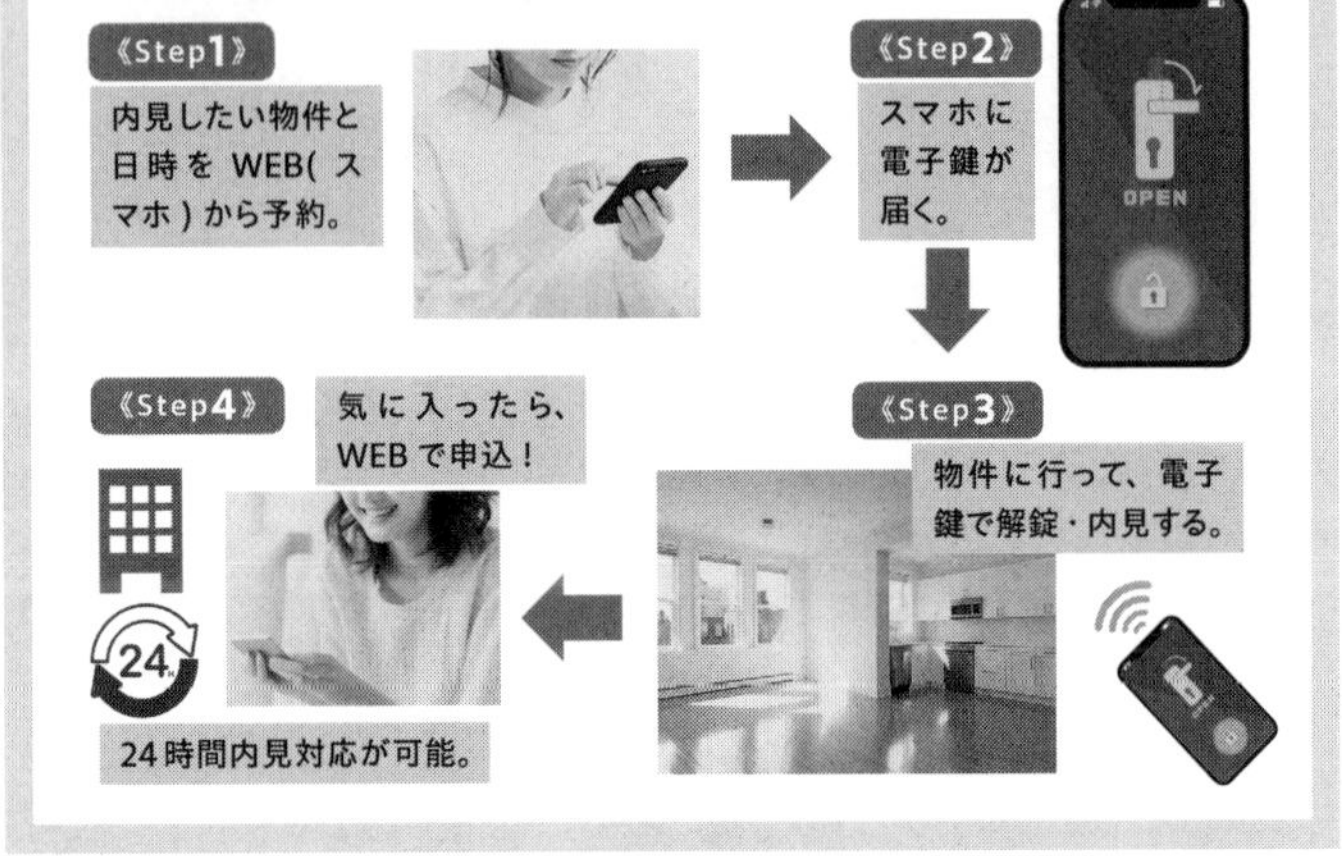
《Step1》
内見したい物件と日時を WEB(スマホ)から予約。
《Step2》
スマホに電子鍵が届く。
OPEN
《Step3》
物件に行って、電子鍵で解錠・内見する。
《Step4》
気に入ったら、WEBで申込！
24
24時間内見対応が可能。

入居者は24時間いつでも自分の都合の良い時間を予約して内見に行くことができ、しかも契約時の仲介手数料も割安というメリットがあります。

30年後にも選ばれる賃貸マンション経営をするためにも、**オーナーさんは不動産会社や管理会社任せではなく、自分自身も入居者がどのように部屋探しをおこなっているかを知っておく必要があるのです**。

逆にいえば、オーナーさん自らが入居者を集めるための努力と工夫をしなければ、生き残れない厳しい時代でもあるのです。

これからのオーナーが自ら入居者を集めるには？

未来を見越してオーナーさんができることは、ホテルや分譲マンションのような、あるいは企業のコーポレートサイトのように自らの物件を紹介するホームページをつくることです。

ＩＴが苦手という方なら、専門業者に頼めば良く、安価につくることができます。オーナーは指示を出し、できる人間に外注すればいいのです。

自分たちで入居者を集めることができれば、仲介会社を挟む必要がなくなります。そうすることで、次のようなメリットが生じます。

・オーナーも入居者も不要な支出が減る
・入居者のダム（P57参照）をつくることができる

・当て馬物件になることがない
・時期、季節に関係なく入居者が決まる

私は、いずれ、**仲介会社はなくなる**のではないかと予想しています。いまのうちから自分たちで入居者を集める仕組みをつくってみてはいかがでしょうか？

いますぐできる、自分で入居者を集める仕掛け

オーナーとして自ら入居者を集め、入居を維持していくためには、次の8つの項目について早急に手を打ってください。

①ホームページをつくる

ホテル、分譲マンションのサイトや、企業のコーポレートサイトを参考に、ご自身の物件やオーナー自らを宣伝するようなホームページを制作しましょう。その際、重要なのが、入居者ターゲットを明確にすること。自身の物件の一方的なアピールではなく、どんな方に入居してもらいたいか決めて、その方々のニーズに応える内容を意識します。

②入居者のダムづくりのため、物件のコンセプト動画をつくる

入居者のダムとは、「行列のできるお店」のように、あなたの物件に入居者が並ぶ、

入居の順番待ちが生まれるような状態のことです。つまり、ファンをつくることです。そのためには、物件の特徴や魅力を伝える動画が効果を発揮します。プロの手も借りて、物件のコンセプトを伝えられるような内容にしたいところです。

③ターゲット層に向けたブログ・SNS更新、メルマガ

②で作成した物件の特徴や魅力を伝える動画をＹｏｕＴｕｂｅ、ＴｉｃｋＴｏｃｋ、ＦａｃｅｂｏｏｋやＸ（Ｔｗｉｔｔｅｒ）、ブログ、メルマガなどを活用して、ご自身の物件の情報やオーナー自身の人柄や取り組みもあわせて積極的に情報発信します。これもまた「ファン化」の手法でしょう。空室が出た際もいち早く発信し、すぐに応募が集まるような状態にするのが理想です。

④入居者や入居希望者向けのホームページを活用する

①が対外的な情報発信とすれば、④のホームページは入居者や入居希望者専用のクローズドのサイトです。オンラインサロンのようなイメージです。「入居者限定」と銘打ち、お友だち優先の特典や部屋の住み替えの特典などを提供します。１０６ページでも紹介するコミュニティづくりに役立ちます。

⑤ＳＮＳでつながり、長期入居を促進する

こちらもまたITツールを活かしたコミュニティづくりです。SNSで入居者とつながることで、会わずして連絡が取れます。たとえば、毎年の誕生日にお祝いメールをお送りしたり、Amazonギフトなどのプレゼントを渡すと、入居者満足につながります。また、何かしら入居トラブルが起きたときも、入居者は安心です。これらのサービスによって住み心地が良くなるため、長期入居につながるはずです。

⑥内見・内覧をオンライン化（VR内覧）

さきにご紹介した「セルフ内見」など、ITツールや最新テクノロジーを活用して、オンラインで内見・内覧をできるようにします。VR対応の動画を用意すれば、遠距離の入居希望者の方もヘッドセットさえあれば、まるで現地にいるかのような体験ができます。

今後、さらに入居希望者はネットに掲載している情報のみで判断していくはずです。そのため、より物件そのものの商品力や魅力が重要になるのも間違いありません。

⑦LINEもコミュニケーションツールとして活用

先述の⑤にも似ていますが、LINEなどのコミュニケーションツールが一般化した現代、それを活用しない手はありません。入居者個人の性格や人柄、属性などを知っておくことは賃貸経営のリスクヘッジにもなりますし、入居者同士のコミュニケーションがはかれるなら、グループもつくれると理想です。

⑧現在（未来）の入居者の部屋探しに対応する

現在の入居者は、まずスマホを使って自分で物件を見つけます。そして、不動産会社に問い合わせて現地確認します。自分で住みたい部屋を見つけるので、不動産会社に任せる必要がなくなりました。さらに将来は、「スマホ→オーナー」に直接連絡がくる時代になります。そんな時代を見据えて一刻も早く直接連絡が届く導線をつくりましょう。

これからはオンラインやＩＴ技術を避けることができない時代です。世の中の流れに取り残されないようにしてください。

地域に人を集める取り組み

（街全体で人を集める）

オーナー自身が入居を決められるようになったら、次のステップは、「街で人を集める」という視点で、オーナー同士が連携していくことが重要です。

21ページの消滅可能都市の話もありましたが、いくら1棟魅力的なマンションを建てたとしても、そもそもその街に魅力がないと人は集まってきません。しかし、矛盾するようですが、1棟魅力的なマンションがあるだけで、人が集まってくるとも言えます。そんな**「起点」となるマンション**をあなたがプロデュースできれば理想です。

そのための方法として2つあります。一つ目は行政主導によるトップダウン型の取り組み、二つ目は民間主導によるネットワーク型の取り組みです。「人が集まる仕掛けをして、コミュニティをつくる。コミュニティを広げ、街全体を魅力的にして、人をさらに集める」。このような循環を生み出す企画力のあるマンションがこれからは求められます。

地域全体で人を集めるためにできること。エリアリノベーション発想

未来の賃貸マンション経営に欠かせない視点の一つに**「公益性」という視点があります**。

これは、自分の所有する土地や物件にだけ人が集まればいいという我よしの精神とは真逆の、公益に資するつまり皆の役に立つという「皆良しの精神」になります。自分のところだけよくなればいいという考えではなく、自分の土地や物件が属する地域全体で人を集めようとする発想です。いわば、コミュニティ（地域）全体で人を集めて、その地域にも利益をもたらしながら自分の土地活用をしていくという考え方になります。

公益性に資するために必要不可欠なのが、社会的価値の創出です。マンション経営が公益性を備え、かつそれが社会的価値を創出し提供できるのか否かが、今後のマン

ション経営の成否を左右するポイントといっても過言ではありません。

人口と世帯数が減り続けるこれからの未来では、自分の所有する土地や物件にだけ人が集まればいいという考えはますます通用しなくなります。今後は、公益性という視点をもって自分の土地や物件が属する**地域全体で人を集めよう**とすることが必要です。コミュニティ（地域）全体で人を集めて土地活用をしていくための方策としては、以下のようなものが考えられます。

・オーナーさんの物件に人を集める企画をする
・その地域のオーナーさんや家主さんと連携して合同で人を集める企画をする

一つ目は、たとえば話題性の高い海外の有名ショップや、入居者の共通の関心や興味、趣味に関連したアイテムを扱うお店などをオーナーさんの物件に呼び込むといったことです。

二つ目は、まちづくりの観点で**地域全体で人を集める**という発想で**エリアリノベーション**とも呼ばれたりもします。

老朽化した建物の設備などを新しく更新することをリノベーションといいますが、リノベーションの対象を建物に限らず、その建物が属する地域一帯へと広げたリノベーションが、エリアリノベーションです。エリアリノベーションという言葉は、もともとは建築家の馬場正尊氏が『エリアリノベーション―変化の構造とローカライズ』という本の中で新たな街おこしの方法として提案したものです。

エリアリノベーションは、リノベーションの範囲が広いだけでなく、「公益性」の視点から「街おこし」の要素が組み込まれていることに特徴があります。つまり、エリアリノベーションとは、**地域一帯を街おこしで再生し、さらに新たな「街づくり」によって街自体の価値を高めるという取り組み**なのです。たとえば、入居者には地域のお店や連携したお店に関して利用特典（割引・ポイントなど）を付けることで付加価値を高めるといった取り組みがあります。

これからのマンション経営においては、このエリアリノベーションの考え方が重要となります。

従来のいわゆる「街おこし」では、地域に人を集める取り組みとして行政主導型のマスタープランにもとづいたトップダウン型でしたが、近年は民間主導の地域のネットワークを活用し横の広がりをもったネットワーク型のものが主流となっています。

エリアリノベーションも、このネットワーク型であり、たんなる街おこしとはちがい行政や国の助成金に頼ることなく、民間の力で街を再生し、価値を高めていくことができます。エリアリノベーションでは、その地域にある様々な資源（人的・物理的・文化的資源）を活用しながら、エリアリノベーションに関わるすべての人たちが一人ひとりアクター（行為者、当事者）として役割を果たしていくことになります。そして、全体として網の目のように張りめぐらされたネットワークのなかで互いに協働していくことで、地域全体に新たな価値を創造していきます。

地域全体で行っていく必要があるので、地主さんやオーナーさん一人の力だけで行うことは不可能です。ぜひ、あなたが旗振り役になり、当社のようなパートナーとともに、地域の住人や、企業、他の地主さんやオーナーさんと協力していくことを視野に入れてみてください。

Chapter 3

これからの間取り
／時代やライフステージによる変化に対応

入居者の求める部屋が変わっていく

新型コロナウイルス感染症の流行による影響で、出社することなく会社のオフィス以外の自宅など別の場所から仕事をするテレワークという働き方の需要が一気に伸びたのは記憶に新しいところです。テレワークの浸透によって入居者が住居に求める要素も変化しました。

新型コロナウイルス感染症の流行をきっかけに一気に広がったテレワークという働き方は、すでにある程度社会に定着しているように思われますので、新型コロナウイルス感染症の流行が落ち着いてきたとしても、多様な働き方の選択肢の一つとして今後も重要な位置をしめていくと思われます。

そのため**テレワークに必要なスペースの確保や、防音性の高い部屋や、安定したインターネット通信環境といったインフラの整備など入居者のライフスタイルとマッチ**

した部屋にすることは選択肢に入れてよいでしょう。

たとえば、マンションの居室の一つあるいは複数を共同ワーキングスペースにすることで、マンション内で入居者にテレワーク環境を提供することができます。この場合想定される利用者は、入居者のうち仕事のスペースと自分の部屋というプライベートスペースを分けたい人や、用途を問わず集中して何かをしたい人です。また、入居者以外の外部にも有料で利用してもらうこともできます。もちろん、入居者には外部の人よりも割引料金で利用してもらったり、最初から家賃に使用料をプラスしておくということも考えられます。

あるいは、テレワークのスペースを最初から入居者の室内につくっておくことも考えられます。この場合は、自宅でテレワークをしたい人向けになりますが、デッドスペースとなりがちな室内の壁面を利用することでテレワークスペースも確保できてなおかつ室内のスペースも有効活用できるので一石二鳥です。

このように、テレワーク環境の整備一つとってみてもオーナーさんの工夫次第でいくらでも魅力的な物件をつくることが可能です。

ウィズコロナ時代を見据えた賃貸マンション企画例

テレワークの重要性が増す一方で、その浸透によって外出する機会が減り、外でエンターテインメントを体験する機会も減っています。そこで、**感染症対策マンション**として自宅で映画館のように映画が楽しめるマンションを企画してみてはどうでしょうか？　たとえば、部屋の壁の一面を白い壁紙にして、スクリーンとプロジェクターを部屋に完備しておき、映画をオンデマンドでいつでも好きなときに自室で映画が楽しめるようにする取り組みなどが考えられます。

その一方で、外出する機会が減ったことで運動不足が懸念されるようにもなってきました。そのため、マンションに入居者が気軽に運動できる24時間いつでも好きなときに利用可能なフィットネスジムなどの施設が設置されていると、テレワークとあわせてさらなる価値を提供することができます。さらに、フィットネスジムの併設とあわせて、入居者の運動を促進したりストレス発散のために、マンション内の居室やフィットネスジムで使用できるエクササイズの映像（ＤＶＤ、ＢＤ、ストリーミング映像など）を無料で貸し出すサービスや、インストラクターを呼んでエクササイズの講座を開講するといったサービスなども入居者に喜ばれるでしょう。

このように、テレワーク環境の整った部屋にすることで付加価値は上がります。ただし、大前提の環境変化ですでにみてきたように、税金や社会保障費が増える一方で可処分所得がどんどん下がっている状況では一般的には高い家賃を支払うことはできないので、やたらと費用をかけて改修したり建設すればよいということではありませんので注意してください。家賃を払うのは入居者ですので、入居者が無理のない範囲で支払うことができる家賃設定で実現できるように、オーナーさんのさらなる創意工夫も必要です。

人が集まる賃貸マンションの共通点

商談やセミナーなどで出会ったオーナーさんから、**「人が集まる賃貸マンションには何が必要でしょうか？」**と問われたとき、私は以下の3つの必要性を強調しています。

①コミュニティが形成されていること↓4章（次章）
②人を集める仕掛けがあること↓2章
③物語（ストーリー）があること↓3章（本章）

本章では③の物語（ストーリー）について詳しく解説しましょう。
ストーリーのあるマンションとは、一言でいえば、入居者が「このマンションに住んだら、こんな生活ができる」と想像できるようなマンションのことです。たとえば、「このマンションに住んだら、子どもたちも喜んで子育てもしやすい」「好きな音楽に囲まれて、仲間もできてプライベートが充実しそうだ」というようなイメージです。そのマンションにある**〝らしさ〟**とも言い換えられます。その物件に住みたい！、住まなければならないという理由を入居者に感じとってもらうことです。

そのための第一歩はまず、入居者のターゲットを絞ること。上記の例なら、子育てママ（特にシングルマザーかもしれません）、ミュージシャンや音楽好きという明確な入居者像となります。そうしたターゲットをいかに満足させ、入居者の生活の価値を高めていくかという視点が重要になるのです。

ですので、これまでのようにただ漫然と相続対策でマンションを建てましたというような、特徴のないマンションには当然ストーリーは生まれないですし、ひいては人が集まってこなくなります。

入居者ターゲットを絞りこんだ、カテゴリーマンション

入居者ターゲットを決める際の要点は、以下の3つです。

・どんな人に住んでもらうのか？
・オーナーさん自身が住んでもらいたいと思うのは、どんな人か？
・どのような入居者層に需要がある地域なのか？

一見コンセプトを絞ってターゲット層を狭くすることは、どんな人でも喜んで住みたいと思える環境とは離れてしまうかもしれません。けれども、そのコンセプトに需要があるのならば、空室は確実に埋まるのです。

むしろ、ターゲットを絞ることで、人が集まるポイントである**「コミュニティ」**を

形成できます。

この考えの背景には、私がこれまで数多くのマンション経営をみてきた経験からたどりついた**「同じマンションには、趣味・趣向・考え方などが似通った人が入居者として入っているとよい」**という考えがあります。

賃貸マンション経営は、入居者に借りてもらわないかぎり、利益を生みません。繰り返しとなりますが、資産運用や不動産経営を行うオーナーにとって、顧客とは、入居者の方々です。ご自身の物件を入居者に選んでもらえなければ、経営が成りたたないのが、賃貸マンション経営です。

その際、コンセプトが曖昧な**「誰でもいい」**というマンションより、**「こんな入居者に入ってもらいたい」というオーナーさんの希望する入居者像がはっきりしている方が結果的に人を集めますし、他にはないマンションとして差別化**することができます。

理想的な入居者像をはっきりともつことができれば、次に必要なことは実際のライフスタイルを想起させるような建物（部屋）の**「コンセプト」**です。ただ、食べて寝るだけの住まいを提供するのではなく、明確な入居者像のもと、特定のライフスタイルに合わせたコンセプトを打ち出した賃貸マンションをつくること、つまり**入居者ターゲットを細分化**して、入居者の生活を意識したデザインやコンセプトによって、入居者が誰でもいい他の物件とは差別化することができるのです。

単身者かファミリーか学生か社会人か、といった入居者ターゲットの分け方だけでは、最近の細かい入居者ニーズを見極めることはできません。まずは、どんな入居者層が存在するのか、属性、性別、年齢、ライフスタイルなどをポイントに細分化することが大切です。

そのような賃貸マンションの一環として、弊社では、15年ほど前から入居者の暮らしを豊かにする空間づくりを進めています。具体的には、多様なライフスタイルに応じた生活提案型の賃貸マンションのことで、弊社では**「カテゴリーマンション」として幅広い入居者層に展開しています**。

カテゴリーマンションは入居者の「生活スタイルのカテゴリー」にマッチした様々な生活支援型のサービスも取り入れながら、仲間や友人と経験や価値を共有できるのはもちろん、入居者の生活が便利にそして楽しくなるということをコンセプトとしています。

カテゴリーマンションには次のようなものがあります。

・減量マンション

健康に特化した食堂とコラボした賃貸マンション。食堂が考える健康サイクルをマンションで体験できるダイエットマンション。住めば心も体も健康になることをコンセプトにする。

・農園マンション

マンションに農園を併設し、同じマンションに住む人たちと季節の野菜をシェアする。田舎でしかできないような体験を都会でも体験でき、子どもたちも楽しい。1階にはカフェを併設し、美味しい料理も楽しめる。

・音楽マンション

楽器を思い切り練習したい、バンド仲間とセッションしたい、好きな音楽を大音量で聞きたいという願望に応える。スタジオとして利用もできる防音設備を完備する。

・単身女性マンション

単身女性が安心して住めるマンション。働く女性が疲れを癒すことをコンセプトに。

・男前マンション

ＲＩＺＡＰのジムを併設した、理想の体型を実現させるマンション。最新器具や技術によるトレーニングが可能。

・英語が話せるマンション

日本にいながら英語が話せるよう、外国人留学生と一緒にシェアハウスで暮らす。異文化交流生活をしながら、英語を学べる。

この他にも、自転車のまま部屋に帰れる自転車好きが集まるマンション、高齢者と保育所を結び付け、託児所などが併設された子育て支援マンション、女子大とコラボしたアイデア満載マンション、ペットと一緒に気兼ねなく暮らせるペット共生マンション、家族が健康に暮らせる無添加マンションなど、ターゲットと企画は無限大に広がります。

コミュニティをデザインする、コンセプト型シェアハウス

入居者の暮らし方と生活を提案する方法の一つに、**カテゴリーマンションの他にも、シェアハウスを入居者のターゲットごとに細分化して運用していく方法**もあります。シェアハウスは単なる共同生活の器ではありません。同じような趣味や嗜好をもつ人々や、目標を同じくする人たちが集うことで、生活に潤いや刺激をもたらす空間になっているのです。

たとえば、起業家を育成する、ダイエットができる、就活をサポートしてくれる、東大合格をサポートする、ゴルフ好きが集まる、音楽好きが集まる、漫才好きが集まる、アウトドアができる、ペットと暮らせる、英会話が上達する、鉄道好きが集まるといった**コンセプトでシェアハウスを企画します**。それぞれに合ったサービスや制約を設けることもオーナーとしての企画力の見せ所です。例を挙げると、

・起業家育成シェアハウス
入居できるのは会社設立済の起業家のみ。大物起業家をメンターにして事業相談を受けられたり、定期的にベテラン経営者を招いての勉強会を開催する。
・ダイエットができるシェアハウス
体重によって家賃が変動。1キロ減るごとに家賃も減額。月1回の無料エステも付いてくる。
・就活サポートシェアハウス
地方の就活生がひとつ屋根の下で暮らし、お互いを応援しながら就活する。社会人の入居者からは実際の仕事のイメージも教わる。
・東大合格シェアハウス
東京大学に合格するための予備校付きシェアハウス。カリキュラムはオーダーメイド、食生活などの生活習慣もフォロー。
・ゴルフ好きが集まるシェアハウス
スイングチェックモニターのある共有練習レンジで無料練習可。コーチングプロを招いてのレッスンやマンション内のゴルフコンペも開催。
・音楽好きが集まるシェアハウス
防音室だけでなく、本格的な音響設備や楽器まで備えたシェアハウス。個人練習からバンド練習にも対応。
・アウトドアができるシェアハウス
屋上でグランピングができたりと、都心でもアウトドアライフができる。各人の得意なことを持ち寄ったり最新情報を共有。
・ペットと暮らせるシェアハウス
共用スペースにペット用のお風呂があったり、同じ価値観のペット好き同士で会話やアクティビティが楽しめる。
・英会話が上達するシェアハウス
海外からの留学生と共同生活。共用ラウンジでは英語で話すルール。英会話レッスンも提供。毎月国際交流パーティを開催。
・鉄道好きが集まるシェアハウス
共用ラウンジには鉄道模型を。鉄道の愛好家のためのシェアハウス。

・シングルマザー向けのシェアハウス

サービス付き高齢者向け住宅（サ高住）、老人ホームを併設したシングルマザーのためのシェアハウス。シングルマザーは併設したサ高住、老人ホームで働くことができ、シェアハウス内で共同して子育てをすることができる。

このようにシェアハウスの要は、企画と設計です。そしてなかでも大切なのが、**コミュニティ・デザイン**です。私たちが推奨するシェアハウスでは、ただ部屋を貸すのではなく、生活スタイルや体験を貸すというイメージをしています。そのため、入居者同士のコミュニケーションを重視したコンセプトづくりと内装のデザインを大切にしています。

これから主流になるかもしれないIOTマンション

不動産業界は他の業界に比べるとデジタルトランスフォーメーション（DX）化が遅れているといわれますが、できるところについてはどんどんDX化していきましょう。たとえば、第2章で紹介したようにオーナーさん自身で入居者を集めることは専用のホームページを使ってできますし、スマホやホームページを利用したセルフ内見などは人がいなくても物件案内が可能となるのでぜひ環境を整えて実行するべきです。

また、物件自体のDX化として、テレワーク対応物件にしたり、AIやIoTを標準設備にしてしまうことも他の物件との差別化として有効です。実際に弊社では、AIやIOTなどを利用したAIマンションをプロデュースしています。

AIとは人工知能のことであり、IOT（Internet Of Things）とはモノのインターネットのことを指し、家電をはじめあらゆるモノがインターネットにつながったことをいいます。

これらテクノロジーの進化を反映し、入居者の生活をより便利に快適にするための生活支援の延長線上にあるのが、未来マンションともいえるＡＩマンションになります。

たとえば、家電をはじめあらゆるモノやサービスがインターネットでつながったＩＯＴマンションでは、備品としてタブレットを導入して、簡単にテレビ電話ができるようにしておくと、今回のようにコロナ禍において人と会うのが難しい状況でも、高齢者が自分の孫や子どもなどとオンラインで顔をみながらコミュニケーションをとることができます。

近い将来このようなＡＩマンションが標準化されていく可能性が高いでしょう。家全体をＡＩで自動制御して、より快適な暮らしを提供することが今後の賃貸マンションの標準設備になる可能性があるのです。

ＡＩマンションにすることでオーナーさんには次のようなメリットがあります。

・近隣物件との差別化
・話題性による認知度のアップ
・トレンドの先取り
・家賃のアップ
・入居率の向上
・管理運営の質の向上

特に家賃のアップと入居率の向上への関心は高いと思われますが、IOT化によって、家賃のアップと高い入居率の実現が見込まれます。

また、オーナーさんだけでなく、管理会社にとっても、鍵を持たずに施錠・開錠ができるため、鍵の受け渡しが不必要となり案内件数を増やすことができるというメリットがあります。

入居者にとっては、いままでは人気物件の条件として「駅に近い」「コンビニが近い」などが挙げられていましたが、近年では、建物がIOTかどうかも判断基準になっています。ＩＯＴ物件であることは、入居者の満足度を上げるため、他に比べて多少家賃が高くても長く住み続けたいと思われる重要なポイントになってきています。

コミュニティが可能にする家賃ゼロ賃貸マンションの可能性

人が集まり、コミュニティが形成されると、さらにいろいろな企画が生まれます。たとえば、**入居者の家賃を広告料で無料にして人を入れるという方法**です。この方法では、スポンサーに対して一定の保障（宣伝する時間と対象の確保など）を行うことで、入居者の家賃分を無料にします。数年前に化粧品会社が同窓会費用を負担するサービスをやっていましたが、そのサービスでは、同窓会参加者の女性に自社の化粧品の宣伝の時間を確保してもらい、さらにその場で化粧品を試してもらうことで、同窓会参加費が無料になるというシステムでした。

入居者の家賃を無料にするのも基本的にこれと同じ考え方です。たとえば、女性だけのマーケティングマンションでは、スポンサーに入居者への化粧品や料理関連といった女性に人気のあるものを毎週末プレゼンしてもらうことで入居者の家賃を無料にしたりもできます。また、最近ではSNSを活用してフォロワーが1万人以上いて、宣伝してもらったら無料といったこともできます。

要は、住んだ人から家賃をもらうという発想から、**住んでない他の人からお金をもらう**という発想の転換です。とはいえ、コミュニティの創造ができていなければこれらの方法は成立しないので、コミュニティをいかに生み出せるかが1番のポイントになるでしょう。

入居者の生活様式を踏まえ、「可変性」のある設計に

ここまでの話は、時代やニーズに対応する賃貸マンション企画でしたが、ここからは「入居者のライフステージ」に対応する賃貸マンション企画の話です。

今後は入居者の生活様式を踏まえて、長く住んでもらうために入居者のライフステージに応じた住み替え需要を念頭においておくことも重要なポイントとなります。

たとえば、**【独身→結婚→子育て→老後】**という各ライフステージにおける生活様式はそれぞれ異なっています。したがって、一般的には各生活様式に応じて住む部屋自体を変えていく必要があり、部屋を変えるたびに部屋探しをして引っ越しをする必要がでてきます。しかし、もしこれらの一連のライフステージに対応した住まいをオーナーさんご自身で複数の物件をもっていて提供できるのであれば、同じオーナーさんが所有する物件内での住み替え需要を創出できます。

通常入居者は１Ｋ、１ＬＤＫ、２ＬＤＫ、３ＬＤＫなど物件の間取りをライフステージや家族構成に応じて住み替えていきます。そこに着目して、全て自前の物件でそれらのライフステージに対応できるようにしておくと住み替え需要を喚起し、同時にそれに応えることができます。そうすることで、入居者からすれば、物件探しの手間が省ける上にわざわざ不動産会社を通さなくても入居者は入居することができるので、仲介手数料などを支払う必要がなくなり、その分お得に入居することができます。

また、ご自身では複数のパターンの間取りの部屋を所有していないというならば、まさに街で人を集める発想で、近隣のオーナーさんと協力して、紹介し合う関係性を構築するのも一手です。

入居者にとっては、住み替え物件が同じ敷地や近隣にある場合は、それほど生活環境を変えることなく住み替えができ、引っ越しにかかる費用も抑えることができるというメリットがあります。現在、人口減少トレンドにある以上、住み替え需要に応えることは入居者を確保する効果的な対策となるのではないでしょうか。

しかし残念なことにまだここまでの段階に至っていないオーナーさんばかりなのです。実際は**複数物件を所有していても、全部１Ｋというパターンもあります。それを**

築年数に応じた物件企画

築年前～築10年 	需要に対する供給数を押さえておくこと! 周辺物件の状況を把握しておくこと! 周辺物件の家賃相場を調べておくこと!
11～30年 	自分のマンションの状況と周辺市場を照らし合わせて、対策していく必要がある
30年～ 	建替えも念頭におきながら、早急に対策をしていく必要がある

入居者のライフステージに応じた住み替えができるようにしておく視点が必要です。たまに前回は1Kだったから今回は別の間取りにしようというオーナーさんもいらっしゃいますが、そういう方はこのように住み替えの視点をもってらっしゃる方なのかもしれません。

もし入居者と普段からコミュニケーションがとれているオーナーさんであればなおのこと自分の物件内での住み替えを入居者に勧めやすいでしょう。

このように入居者のライフサイクルに応じて物件を変えることに加えて、長期的な経営計画に基づいて、築年数に応じた物件企画を考えていくことも重要にな

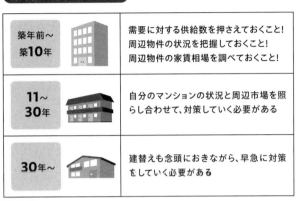

ります。

そのため、周辺物件の調査・入居者動向の調査をもとに計画的なリノベーションや修繕を行いましょう。もちろん、その際、税務対策も必須です。物件の築年数に応じて企画を進化・改善させていくことが必要です。このあたりのお話は第5章の経営管理編で触れます。

賃貸マンションの分譲化も見据える

これまで賃貸の形態を前提にすすめてきましたが、実際には賃貸物件なんだけど住んでみたらとても気に入ったのでこの物件を買いたいという入居者もいるかもしれません。そこで、車の買取ができるカーリースと同じ考え方で、入居者にも賃貸マンションを販売することを可能にしてはどうでしょうか？　カーリースは、月々いくらというように定額制で車を利用することができるサービスですが、一定期間経過後はその車を買い取ることも可能です。買取の場合は車両本体価格から定額制で支払った分を差し引いた残額を支払うことになります。

この考え方を賃貸マンションに応用すると、次のようなスキームになります。つまり、物件の**新築時に物件の販売価格を設定しておき、毎月の家賃を入居者に支払ってもらって、途中で購入する場合は販売価格から家賃で支払った分を差し引いた額で販**

売するというスキームです。

もともと住宅というのは一生のうちに何回もしない高い買い物なので、実際に住んでみて住み心地を確かめてよかったら買うという方法をとれるなら安心です。そうすることで、実際に購入して住む側の入居者も、販売する側のオーナーさんもミスマッチがなくトラブルが起こることも少なくなるのでお互いに安心です。しかし、販売価格から支払った家賃を差し引くという考え方でいくと、必ずしも賃貸や分譲と最初から区分けする必要はないのかもしれません。今はまだ弊社ではこのような販売のサービスは展開しておりませんが、すでに実施している企業などもあります。

たとえば、独立行政法人都市再生機構が管理するUR賃貸住宅などではこれに似た形態で賃貸と分譲マンションを提供しています。いわゆる団地内に賃貸物件と分譲物件の両方が入っているところがあり、最初は賃貸物件に入居していたけれど、しばらく住んでみて気に入ったので同じ敷地内にある別の分譲物件を購入するといったように、お試しをしてから購入することが可能になっています。ただ、この場合は、賃貸と分譲は全く別物件の扱いですので、家賃で支払った分が分譲マンションの購入額に反映されるということはいまのところないようです。

このように、賃貸でお試ししてから分譲へというスキームは、今後は新たなマンション経営の形態として広がっていく可能性も十分あると思います。

物件の特徴を打ち出す＋α。エリアの特徴をつかむ

ここまでの話で、物件の特徴を打ち出すことが、いかに重要かご理解いただけたかと思います。次に、こちらも重要な視点ですが、物件のある土地のエリアについてよく知っておくことです。そのうえで、すでに触れたように土地や部屋をスペースとして考えて、そのスペースを活用するという考え方で経営をしていくのです。

たとえば、民泊などは新しい活用方法ですが、その他にも土地のエリアがオフィス街であれば、法人向けに空き部屋＝スペースを貸し倉庫として貸し出したり、あるいはシェアオフィスにすることもスペースの有効な活用方法になるでしょうし、ある程度サプライチェーンが確立できるなら水と光だけで育てられる植物工場としてスペースを活用することも考えられます。

空室をつくらないためにも、どのような土地を選ぶかが大切です。特に以下の5点が重要になりますので、土地選びの参考にしてみてください。

（1）人口が増えているところ
（2）観光客が増えているところ
（3）災害のリスクの少ないところ
（4）容積率の高い地域
（5）再開発される／マンションがすでに建っているところ

いずれにしても、今後は人口・世帯数・可処分所得の減少トレンドから、マンションを建てても空室が埋まらない時代になっていくでしょう。この未来に対して何ら対策を講じなければ、マンションオーナーにとっては、非常に苦しい受難の時代が続くことは間違いありません。

Chapter 4

まずは賃貸管理。そして運営管理を

賃貸管理と運営管理の違い

本書でお伝えしたいオーナーさんの仕事としての管理には、3つの種類があります。ひとつが賃貸管理、そして運営管理です。本章ではまずはこの2つについて解説します。もうひとつ、これからのオーナーさんに最重要となる「経営管理」については、次の5章で解説します。経営管理に至るまでの基本となる賃貸管理と運営管理から始めてまいりましょう。

賃貸管理とは、すでにみなさんや取引のある不動産業者が行っている業務です。入居者からのトラブル対応や工事（修繕・退去）、滞納対応です。言わば、目の前の問題に対処すること。不動産業者からすれば、オーナーから言われたことをする業務とも言えます。当然のことですが、この基本となる実務がしっかりできないと入居者は不満を抱きます。

ここまでは言ってみれば当たり前。次に運営管理です。

運営管理をシンプルにいうと、入居者に対して「サービス」を行うことです。残念ながら世の中の大半のオーナーさんや多くの不動産業者には、賃貸マンション経営が「サービス業」という認識がありません。たとえば、ホテル業ならお客様一人ひとりにお誕生日のお祝いを贈ったり、個別の対応を行います。そのためのコンシェルジュという職業もあるくらいです。

賃貸管理は必要最低限のもの。運営管理は、それを上回る入居者に喜んでもらえるサービスです。この違いを意識してください。

入居者に喜んでもらえるサービスの例

「運営管理＝サービス」としたときにできることとして、まずは「モノ」からのアプローチがあります。簡単なところで言えば、「Ｗｉ－Ｆｉ無料」「宅配ボックスの設置」「動画見放題」などが考えられます。これはすでに取り入れているオーナーさんもいらっしゃるかと思います。また、テレワークにも対応できるよう「リモートワークしやすい環境整備」「マンションの一画に会議室をつくる」という取り組みも考えられます。

海外に目を向けると、マンションにフィットネスジムを併設しているところも多く、入居者の健康に配慮しています。なかにはマンション内に共有のワインセラーがあり、毎週金曜の夜は入居者同士で飲みながらコミュニケーションを図る仕掛けもあります。

こうした入居者のためのサービスとして健康やイベントをテーマにするのはおおいに参考になります。日本的な応用をすると、壁一面を漆喰にすると抗菌作用もあるので、独自のサービスになるかもしれません。

また、入居者サービスを考えたとき、いまもこれからもＩＴ技術の導入は必須でしょう。入居・退去だけでなく日々の要望をすべてスマホで完結できるような仕組みを構築する、近隣の病院やスーパーの特売などの情報をグループＬＩＮＥで発信するなど、ネットを活用したサービスを提供することは、必須となるはずです。

「モノ→コト→シェア」のサービスを

消費者（入居者）の価値観は、いま、モノ（商品の価値）の満足だけでなく、コト、シェアと「体験」を重視する価値観に変わっています。この変化を賃貸マンションの運営管理に活かすのが、他のマンション運営にはない差別化につながります。

入居者は住まいや、暮らし方にも感動や体験を求め、個性をもったマンション・部屋に住みたいと考えているのです。そのひとつの答えが「コミュニティづくり」となります。コミュニティづくりのポイントは、入居者同士が自然と交流できる導線をつくる仕掛けです。その企画を考えるのが、運営管理です。

最も行いやすい取り組みはイベントでしょう。たとえば、クリスマスや正月、お花見の時期などのイベントごとにパーティを行うなどがあります。たとえば、弊社管理のマンションでも屋上グランピングスペースを使ってイベントを開催しています。それによって、入居者と大家さんはお互いの顔が見えるようになり、関係性の向上が期待できます。また、そのスペースを入居者だけでなく近隣の住人や地域に開放することでコミュニティや地域とのつながりも強化でき、入居者以外から人を集めることができます。コミュニティをつくってファンになってくれる人をつくれば自ずと入居者は集まってきます。

3つのコミュニティを生み出していく

オーナーさんの仕事は建物を建てて、入居者募集をするだけではありません。先ほどのコミュニティを創出するために、企画・運営していかなければなりません。コミュニティといっても3つの層にわかれています。

①マンションのコミュニティ
②建物内外のコミュニティ
③地域でのコミュニティ

これらの複数のコミュニティを創出し、入居者に選んでもらえるマンション経営を行うためには、ハード面とソフト面の両面で入居者が集まるように工夫することが大

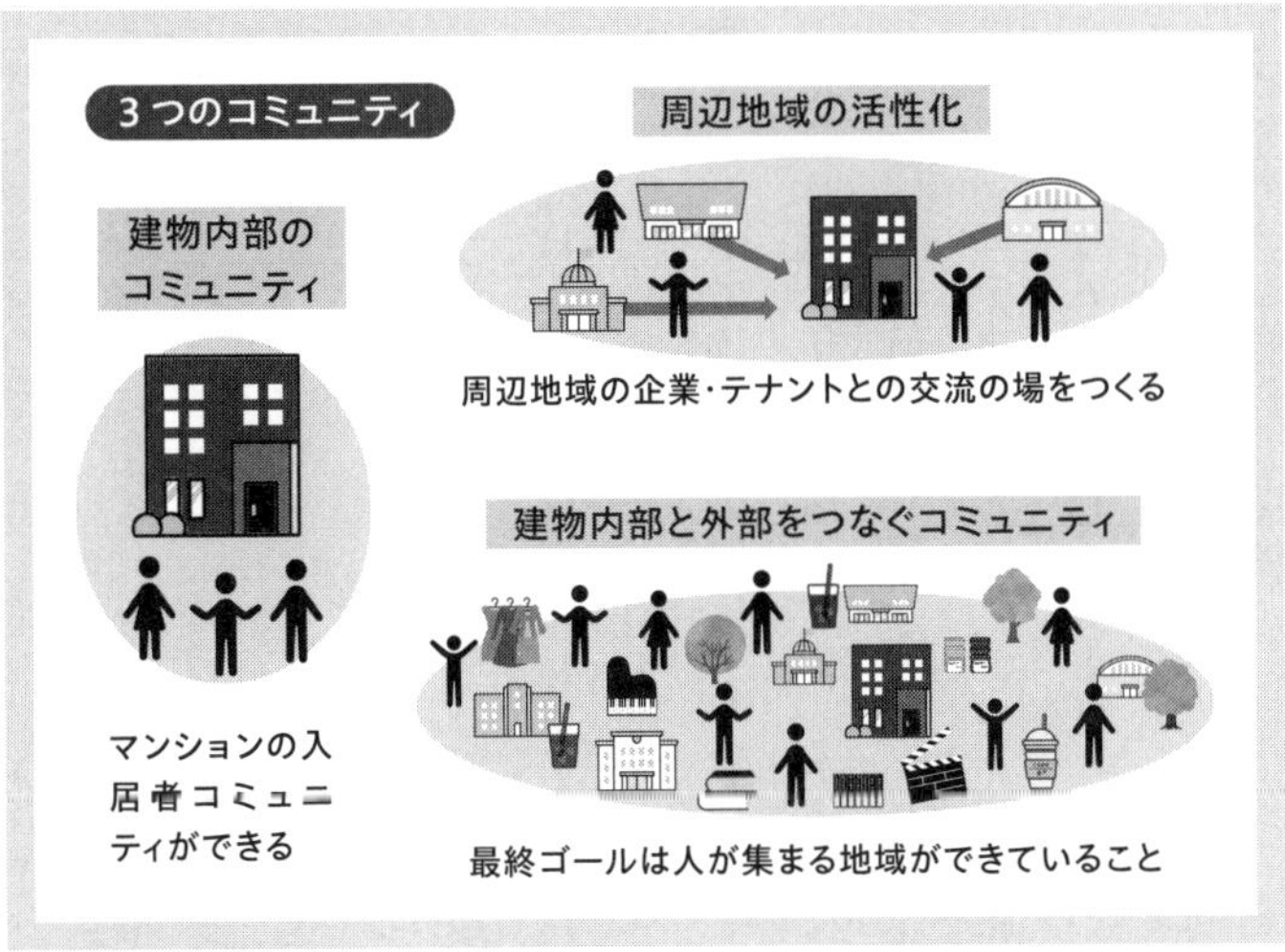

切です。

上の図のようなイメージです。

しかし、それだけではまだ不十分です。これらのことに加えて、マンションに住んでもらうための**入居者の物語（ストーリー）**をつくることが必要不可欠となります。

ストーリーづくりについては、2章でも解説しましたが、まず、どのような入居者に入居してもらいたいのかを事前に想定しなければなりません。そのうえで、**お金、健康、豊かさ、情報量などストーリーを構成する要素をオーナーさんがデザインするのです。**

ストーリーには入居者の暮らしが豊か

になるための工夫・サービスがついていることが大切です。そうすることで、この物件でしか体験できないという特別な付加価値を創出することができるのです。

そして最終的には、入居者がひとに勧めるというかたちでさらなる入居者を呼んできてくれる仕掛けづくりをしておくことが重要になります。

コミュニティ運営を成功させ、マンション経営を成功させる最大の秘訣は、ストーリーづくりを含めたブランディングになります。

たとえば、広島県尾道市にあるONOMICHI U2（オノミチユーツー）などはその好例です。ONOMICHI U2は尾道市の海辺に立つ倉庫を改装した複合施設で、中にはカフェやレストラン、ショップ、ホテルなどが入っています。そのコンセプトはサイクリストです。ホテルには自分の自転車ごと入ることができるだけでなく、部屋に自転車をおくことができ、サイクリストに優しいつくりとなっています。

コミュニティ運営とマンション経営にはこのようなストーリーのブランディングが欠かせませんが、実はそれと同じくらい**大家のブランディング**も欠かせません。

失敗大家さんには以下の5つの共通点がみられるのですが、一つでも当てはまることがある人は要注意です。

（1）競争意識がない
（2）機会損失の意識がない
（3）家賃下落に対する意識がない
（4）比較対象がなく、危機意識が生まれていない
（5）経営意識がない

成功大家となるべく、失敗大家の5つの共通点に当てはまらないように大家さん自身もしっかりブランディングをしていくことが重要です。

そして、最終的には、「街全体で人を集める」。あなたのマンションを起点に、その地域に住みたい、住まなければならない理由を生み出せれば、次世代・成功大家さんになれます。

行政主導の街づくりでなく、マンションオーナー主導の民間のエリアリノベーションを実現し、街ごとの賑わいを生み出していきましょう。

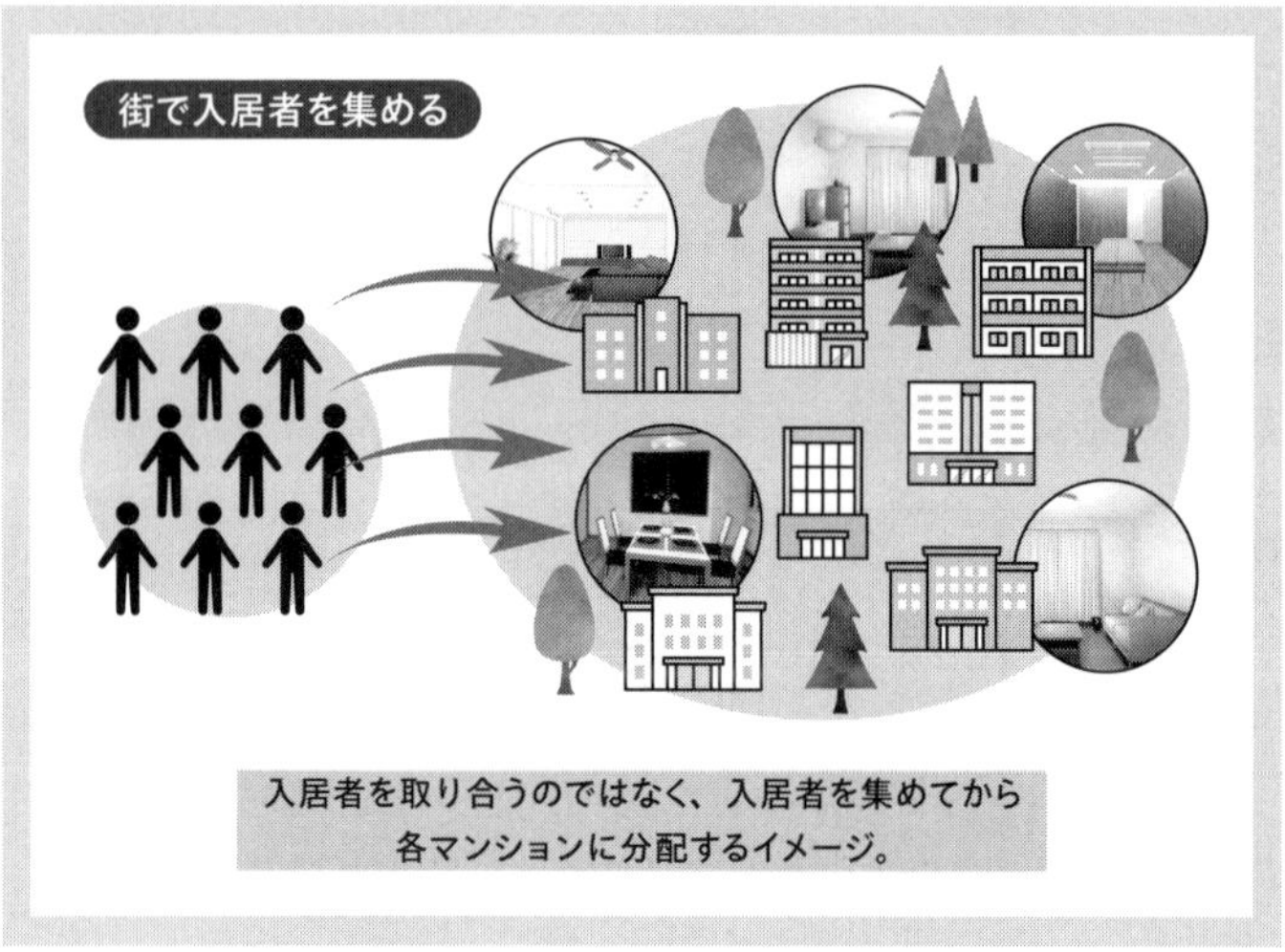
街で入居者を集める
入居者を取り合うのではなく、入居者を集めてから
各マンションに分配するイメージ。

大家ブランディングとは？

入居者とのコミュニティを形成するには、オーナー自らの顔やパーソナリティが見えていることが大切です。入居者が大家さんを身近に感じられる関係性をつくるとより良いです。

弊社とお取引のあるオーナーさんとは、オーナーさんの個性を反映したキャラクターをつくり、そのキャラクターのコンセプトを持って情報発信したり、キャラクターに即した建物をつくるなどの取り組みもはかりました。

これまでの賃貸マンション経営では想像もつかないチャレンジかもしれませんが、他業界の取り組みからすれば良くある施策です。コミュニティ形成のために、様々な企画を行っています。

ところで、コロナ禍で賃貸経営オーナーを苦しめた家賃減額交渉ですが、実際は「入居者とコミュニケーションがないから家賃滞納になる。」もしくは「本当に何も払え

なくなって、退去もできなくなる。」という状態になっていることも多くあります。

つまり入居者との関係性が長期的な賃貸経営に影響するのです。入居者のことを知っていれば、賃貸経営が安定します。また、入居者からすれば、オーナーさんの顔や性格を知っていれば、失礼な対応はできないという心理になるのも当然です。

建築のプロとしての入居者サービス

その他にも、ブランディングの一環としてそもそもの建築費を安く抑えて、その分家賃を低く抑えることで、オーナーさんも入居者さんも引いてはそのマンションのある地域もウィンウィンの関係を築くという方法があります。

一例として、弊社の提供しているマンションのひとつに「Theマンション」があります。Theマンションは、建築費全体のコストを**作業性（＝人×時間×効率）**という概念でとらえ、徹底的に合理化を図ることで建築費を大幅に抑えたマンションになります。設計段階から入居者にとって安価な家賃で住みやすい付加価値の高いマンションを考えて、施工に至っても、協力業者の生産性の効果的な合理化を行い、現場作業の省力化を行い安く抑えます。

特に、人のマネジメントを徹底することで、異なる現場で働く職人を現場Aが終わったら、次の現場Bにすぐに入れるようにしてマンパワーと時間的なロスをなくすようにしています。

また設計の標準化を行うことでも無駄をなくしています。通常、マンションを建築する際には、設計事務所ごとに図面が異なります。建築現場では、職人がまずそれらを「読解」していくことから始めなければならず、その間作業が進まない無駄な時間が生じてしまい作業効率が悪くなります。

そこで、弊社ではすべての現場に共通する標準図とディティールを作成し、現場でいちいち読解する必要がなくなり、テーブルによって値段が決まり、生産ラインによって作業にとりかかることができるようになっています。

こうした現場での作業性と生産性の追求でコストダウンができるわけです。

3年間の受注のダムができているので先行発注ができ、全て現金支払いのため（無借金）、協力業者も同業他社よりも安く仕入れができたり、またはOEMで海外から高級な材料を安く仕入れたり、中間業者をなくしメーカーから直接仕入れています。

さらに、建築資材についても、国内と比較して関与する中間業者の数が少なくその分安く仕入れることができる海外の資材を求めて、私自身が東南アジア、欧州、北米など世界中を飛び回り最適なものを探し出しました。

建築費を安くするためには、私自身が一級建築士の資格をもっており、現場の仕事を通じて得た知識と経験を活かして構築した、弊社独自の設計、施工管理、そして仕入れ面での合理化といった独自のノウハウが大いに役立ちました。

以上のような努力の甲斐があって、弊社では入居者に選ばれるハイクオリティーな賃貸マンションを他社よりも**「2割安い金額で建築する」**ことができ、多くの地主さんやオーナーさんの方々に選んでいただいています。

弊社では設計と工事を一貫して行って無駄を省くことでコストを下げているため、業者さんに無理を強いることなく建築費を下げることを実現しています。外観のデザイン、エントランス、外構のマンションの格のアップのために力を入れています。

オーナーとしても、投資費用を下げて外観デザイン、プラン、品質をアップし、付加価値の高い独自化・差別化に力を入れていくことが大切でしょう

建築費はマンション経営にとって一番大事(リフォームも同じ)

マンション経営において途中から変えられないものが2つあります。建築費と立地です。最初に建築費の設定を間違ってしまうと、それ以降のマンション経営の全てに悪影響を与えてしまいます。たとえば利回りを年5%に設定していたのを途中から6%にあげようと思っても、家賃はそうそう簡単に上げることはできません。マンションを建てる前、つまり建築プランを考える最初の段階からマンション経営の計画の大元になる建築費についてしっかり理解しておく必要があります。30年間のマンション経営が建築費の設定一つでほぼ決まってしまうと言っても過言ではありません。

建築費は建設プランを見直し無駄を省くことで安くすることができます。建築費はマンションの企画次第で大きく変えることができます。

先述したようにブランディングにはふたつの側面があります。オーナーさん側からすれば、ローコストマンションによって建築費を安くしたぶん月々の支払いを安くすることができ、より多くのお金を手もとに残すことができます。

そしてその結果、魅力的な物件を相場よりも安い家賃で設定でき、エンドユーザーである入居者に選んでもらえる物件を世の中に提供することができます。

建築業者・不動産業者（この場合、当社ですが）からすると、ローコストマンションによって建築費などの面で他社に対して比較優位に立て、オーナーさんに選ばれることで、理にかなった収益を上げることができます。大手不動産会社ではできない、独立系の建設会社だからこそできる商品（マンションなど）提供であるはずです。

これは当社の利益だけではありません。あらためてお伝えしますが、**エンドユーザーである顧客となる入居者も、ローコストマンションによって安い家賃で入居できるため、顧客にも利益をもたらす**ことができます。

これはまた、顧客となる入居者が集まれば集まるほど、地域に人を集めることにもなるため、地域社会にも貢献することができるのです。

オーナーさんと不動産業者にメリットがあり、なおかつエンドユーザーである入居者にとってても安い家賃という形でメリットがある3者ウィンウィンの関係性が成り立つのが、ローコストマンションによる「ブランディング」なのです。

Chapter 5

これからのオーナーに必須の「経営管理」

これからの時代は賃貸管理から経営管理へ

4章で賃貸管理は「目の前の問題に対処する」こと、不動産業者からすればオーナーから「言われたこと」をすることとお伝えしました。しかし、これからはオーナーとしても不動産業者としてもその視点や仕事だけでは、生き残っていけません。マンション経営は、会社経営と同じという感覚をもって、変化に対応していかなければなりません。そこで行うべきことは、

- 環境変化や時代変化に適応すること
- 顧客（入居者）にどのような価値を提供するか
- 賃貸マンション経営で手残りを増やすためにどんな手を打つか
- 将来的にどのような経営をしたいか描く

という取り組みです。

分かりやすくお伝えするなら、これまでの賃貸管理では、「入居率」「家賃収入」ばかり見ていたところ、経営管理で見るのは「損益分岐点」「手取り収入」となります。短期的にも長期的にも「お金に困らない状態」をいかに実現するかの経営判断を行っていく必要があるということです。

具体的な施策で言えば、

- 空室をいかに減らして家賃収入を増やすか
- 滞納をいかになくし、家賃収入を増やすか
- いかに家賃収入 − 経費 − 手残り（キャッシュフロー）を増やし、貯金を増やすか
- 増やした貯金でいかに大規模工事をするか
- 相続にかかる納税資金をいかに準備するか
- いかに節税するか

ということです。
この視点をもって賃貸マンションを経営していくのが、「経営管理」となります。

経営管理はプロとともに行う時代に

賃貸マンションが投資商品として一般的であり、商品としての収益性が何よりも優先されるアメリカでは、プロパティマネジメントと呼ばれる物件の管理会社があり、そこにはプロパティマネジャー（ＰＭ）あるいはさらにＰＭの上位資格にあたる**CPM（Certified Property Manager）「不動産経営管理士」と呼ばれる専門家**がいます。

ＰＭやＣＰＭはただの物件管理だけではなく、オーナーさんの収益を最大化させるために必要な経営・管理上の運営や企画などを資金調達まで含めて総合的に行います。

多くのオーナーさんは物件の管理運営業務をプロパティマネジャーに任せています。プロパティマネジャーは予算を作成し、それに基づいて実際に運用を行ってオーナーさんに収支報告をするという方法で管理・運営を行っています。

プロパティマネジメント会社の業務には、建物の物理的な維持・管理業務、テナントの誘致や交渉、賃貸借業務の代行、賃料などの請求や回収、トラブル時の対応などがあります。

エージェント制（P129参照）の下では、オーナーさんが直接エージェントと契約して、エージェントがオーナーさんの意向に沿った入居者を募集し、入退去管理や家賃管理、売買管理などを一括して行います。

たとえば、オーナーさんがあらかじめ希望する家賃収入をエージェントに伝えておけば、あとはエージェントがその家賃収入を実現するために事業計画を立てて、最適化を提案してくれます。また、物件全体の運営はオーナーが指揮するものの「100万円の利益を生み出すので、たとえばその10%の10万円のフィーを頂戴します」というやりとりが日常化するでしょう。オーナーさんの仕事は戦略の企画を立てることで、実際の実務は信頼できるエージェントに任せる時代がすぐそこに来ています。

このように、不動産資産管理会社であるプロパティマネジメント会社の役割は、日本ではアセットマネジメント（AM）業に近いものです。不動産に関するアセットマネジメント業務には、投資用不動産の買い付けを行ったり、不動産の実際的な運用、管理代行などを通して資産管理・利益の最大化をすることが含まれます。

これからの時代を見据えると、単なる空室管理ではなく、資産管理が時代の中心になってくることが予測されるため、そのパートナーを見つけることも重要になるでしょう。

ここでひとつエージェントを利用する例を紹介しましょう。理論上ですが、だいたい築後15年くらい経つと、経費として落とせるものがなくなってきて、結果として所得税が上がり手残りが少なくなるという**デッドクロス**が生じます。利息の返済が終わって元本の返済だけになると経費に含めることができないので、その分所得税も増えて手残りも少なくなってしまいます。したがって、緩慢と借入金の返済を行っていては、必ず支払う所得税が増えていきます。そこで、CPMなどであれば、次のような提案をします。

「所得税という税金として支払うよりも、経費として使ってしまって次の入居者集めに役立ててはどうですか？」

どういうことかというと、所得税として支払うよりもそのぶん経費として計上できるリノベーションにお金を使うということです。たとえば、所得税として100万円払っているのであれば、入居者の退去が生じるたびに部屋をリノベーションするのです。すると同じ100万円でも経費に計上できるためそのぶん支払う所得税が減ることになります。さらにリノベーションをすることで部屋の価値が上がり、その結果として家賃が上がります。家賃が上がるということは、オーナーさんの資産価値が高まるということなのです。

ところが、多くのオーナーさんはリノベーションというと身銭を切る思いがするのか、リノベーションに対して非常に消極的です。しかし、リノベーションに対するこのような姿勢は、最終的には資産価値を下げる負の連鎖を生み出してしまいます。支出が増えて所得が減るからと、リノベーションをしないでいると、どんどん家賃が下がっていき、気づくと新築当初よりもかなり資産価値が下がっているという悪循環が生まれてしまうのです。単純にその年の手残りの多少を気にするという**短期的な視点ではなく、資産価値を高めるという長い視点で取り組むことが重要**です。

最終的に税金として払って国庫に入るか、リノベーションに使って資産価値を高めて次の入居者の獲得につなげるのか。このように次の入居者を集めるための対策などを提案することができるのが、先ほどのCPMやPMなどのエージェントなのです。

PM／CPMが行う業務

・物件管理・運営代行サービス
・リーシングサービス
・賃貸借契約に基づく資料及び、経費の回収業務
・トラブル時の対応
・建物、メンテナンス報告
・空室対策提案
・管理・運営マニュアルの実施
・年間、不動産経営アクションプランの策定
・レポートの作成

AMが行う業務

・売却、購入（仲介斡旋）業務
・アセットマネジメントサービス
・開発物件、管理運営、サービス
・新規融資（ローン）斡旋、サービス
・プロジェクトアセスメント（評価・調査）
・コンストラクション・マネジメント
・売却、購入の精査
・年間予算案、大規模修繕案、期末収支報告

これら多岐にわたる業務をオーナーさん自ら行うことは、現実的ではないですし、会社の経営を経験していない方ならなお一層困難です。それだけに海外では、プロとともに賃貸マンション経営を行っています。

エージェント管理が主流になる時代になる

日本では、入居者の募集業務はオーナーさん自身が行うということはほとんどなく、管理会社などに任せるのが一般的ですが、実質的に管理会社が行っているのは客づけを含めた建物管理に過ぎません。

ところで、海外に目を向けてみると、アメリカやシンガポールなどでは**エージェント制が一般的**です。エージェントとは「代理人」のことで、物件の入居者を仲介する会社（ブローカー）ではなく、オーナーが抱えるマンション経営の経営・財務の面まで含めて経営・管理・運営の提案をしてくれる存在です。

まだ、日本では浸透していませんが、徐々にエージェントの存在が認知されてきており、**近い将来、エージェント活用の時代がやってくる**と、私は確信しています。

ちなみに、イギリス・オックスフォード大学のマイケル・A・オズボーン博士が発表した「未来の仕事／消える職業」ではＡＩにとって変わられる仕事として、不動産ブローカー（仲介者）が挙げられています。これからは、ただ物件の売買を仲介したり、入居を仲介するだけの仕事はこの先なくなるだろうということです。そこで、不動産ブローカーにとって変わるのが「エージェント」です。**エージェントは、オーナーの利益を守りながら最大化させることを使命**としています。そのために常に最新の情報を提供し、経営・財務の面でも的確なアドバイスを行っていきます。

エージェントとともにオーナーが目指すゴールとは？

当社がオーナーさんのエージェントとして目指すゴール・KPI（重要業績評価指標）は次の3つです。

①資産価値の最大化
②投資利回りの最大化
③税引前利益10％超の実現

オーナーさんが一生お金に困らない状態を実現するためのサポートを目指します。

具体的に実施することは、①賃貸マンション経営の黒字計画づくり、②キャッシュフロー額での賃貸経営分析、③改修工事、バリューアップ工事の提案、④経営規模拡大、現金化のための物件売却購入提案です。

いち不動産会社の域を超えて、オーナーさんのプライベートバンクにもなるようなエージェントとなる存在です。

そのためには、オーナーさんとともに賃貸マンション経営のビジョン、目的、目標を明確にして共有するため、「マネジメントプラン（経営計画）」を作成し、オーナーさんと協力してゴールを目指します。

オーナーとエージェントが行うべきこと

これからのオーナーとエージェントがともに行うべき、賃貸マンション経営のフローをまとめました。

①市場調査
②プランニング（企画）
③投資分析と未来事業計画の作成
④設計・建築
⑤経営管理
⑥出口戦略

これからの賃貸住宅の考え方

❶ 市場調査

①需要と供給のバランスを調べる
②入居者ターゲットを想定する
③適正家賃、空室率を算出する

❷ プランニング

市場調査に基づいた（ターゲット、㎡数、間取り）図面作成

❸ 投資分析と未来事業計画の作成

資金繰り表を作成して、収益性と安全性を見る。
そして、「10年先」「15年先」の事業収支を作成する。
⇒10年先、15年先の「投資分析」と「出口戦略」

❹ 設計・建築

差別化の建物をつくる（デザイン、カテゴリー、コミュニティ）

❺ 経営管理（経営目線）

資金繰り表の作成、投資分析、税金計算と戦略立案と運営

❻ 出口戦略（投資目標）

10年先、15年先の売却戦略

なかでも、エージェントとして当社は、市場調査を定期的に行っています。

計画地周辺での賃貸マンション供給状況と、その周辺で入居を希望している方との需要とのギャップを調べます。そして、その立地で賃貸マンション経営が成功するか、周辺環境やアクセス、地盤などを調べます。また、大型施設の新規出店がないかなど、これからの周辺環境の変化もリサーチします。

こうした市場調査は、プロだからこそできることです。

プロとしての資金繰り分析

投資分析のフェーズでは、「キャッシュフローツリー」をつくり、オーナーさんへ施策を提案します。

136ページの図のようなキャッシュフローツリーを利用しながら、「収入を上げるにはどうすればいいか」「経費をいかに減らすか」「いつ物件を売却するか」「新たな物件を買うべきか」「どう節税するか」などを精査します。

耳慣れない言葉かもしれませんが、137ページ上図にあるような指標を用い、経営分析を行います。

ちなみに、賃貸マンションの資金繰りを見る指標として、137ページ下図のようなものがありますが、一般的なオーナーさんであれば、ここまで経営分析して賃貸マ

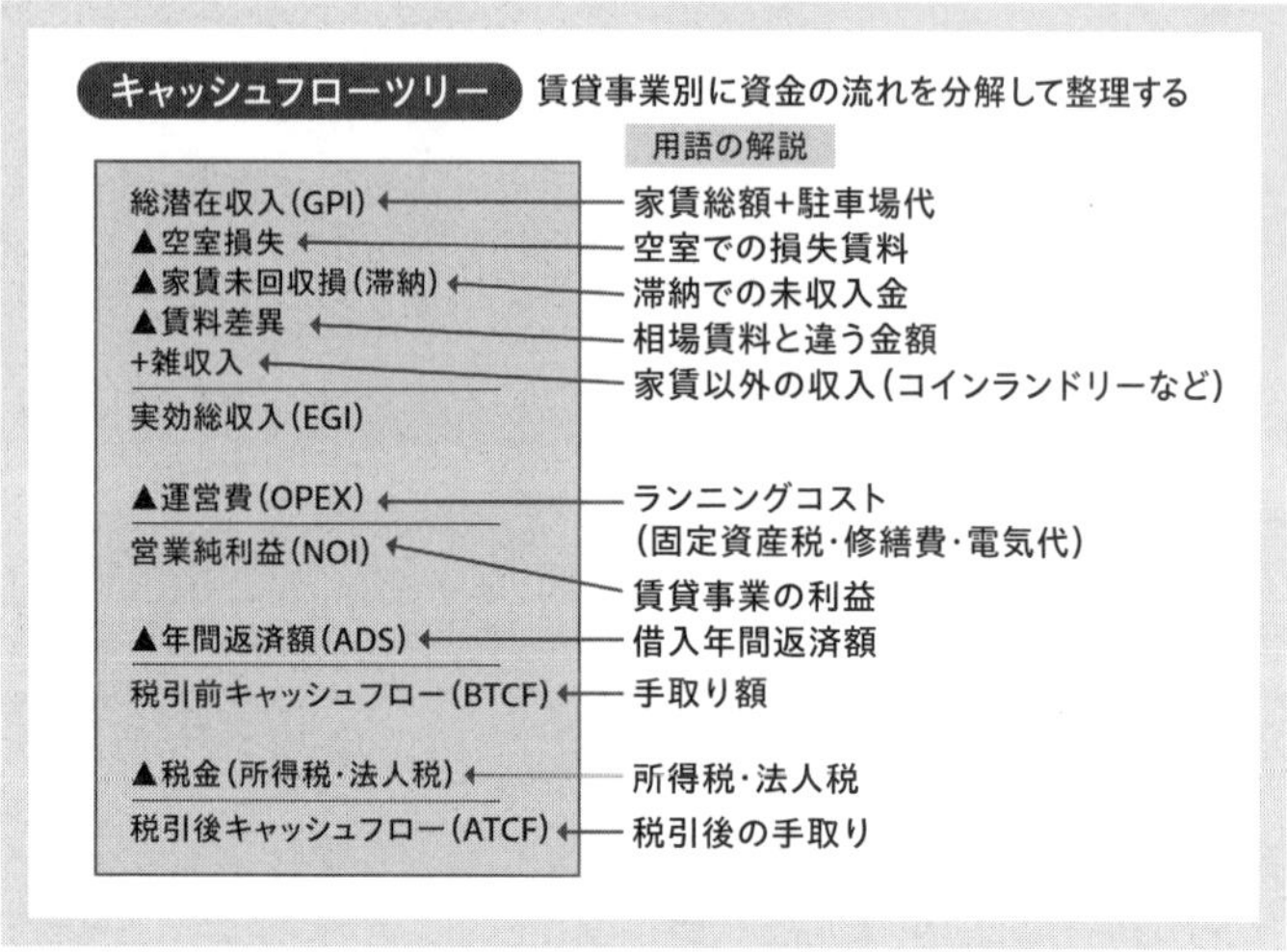

キャッシュフローツリー	賃貸事業別に資金の流れを分解して整理する

項目	用語の解説
総潜在収入(GPI)	家賃総額+駐車場代
▲空室損失	空室での損失賃料
▲家賃未回収損(滞納)	滞納での未収入金
▲賃料差異	相場賃料と違う金額
+雑収入	家賃以外の収入(コインランドリーなど)
実効総収入(EGI)	
▲運営費(OPEX)	ランニングコスト (固定資産税・修繕費・電気代)
営業純利益(NOI)	賃貸事業の利益
▲年間返済額(ADS)	借入年間返済額
税引前キャッシュフロー(BTCF)	手取り額
▲税金(所得税・法人税)	所得税・法人税
税引後キャッシュフロー(ATCF)	税引後の手取り

ンション経営を行っている方は稀有ではないでしょうか。

こうしたプロの視点で賃貸マンション経営をお手伝いするのが、エージェントの仕事となります。

キャッシュフローツリーに関して

GPI ………… グロス・ポテンシャル・インカム（総潜在収入）

EGI ………… エフェクティッド・グロス・インカム（実効総収入）

Opex …… オペレーション・エクスペンシズ（運営費）

NOI ………… ネット・オペレーティング・インカム（営業純利益）

ADS ……… アニューアル・デッド・サービス（年間返済額）

BTCF ……… ビフォア・タックス・キャッシュフロー（税引前キャッシュフロー）

ATCF ……… アフター・タックス・キャッシュフロー（税引後キャッシュフロー）

資金繰り分析に関して

DCR ……… デッド・カヴァー・レシオ（返済倍率・債務回収比率）

資金繰りを見る指標

❶ 返済倍率（DCR）＝営業純利益（NOI）÷年間返済額（ADS）

Q マンション自体が生み出す利益は、返済の何倍が適切？

A 最低1.3倍以上ないと破綻

❷ 損益分岐点＝（必ず出ていくお金÷入ってくるお金）×100%
＝（{運営費＋年間返済額}÷総潜在収入）×100%

Q いったい、家賃収入がいくらまで下がっても大丈夫なのか？

A 75%以下でないと、経営が難しい。

❸ 返済比率＝（年間返済額÷総潜在収入）×100%

Q 借入返済は家賃の何%以内に収まっているといい？

A 50%以下で収まっていれば大丈夫

税金（所得税）でマンションの資産価値を上げる

資産を増やしていくことと節税対策はワンセットで行う必要があります。経営管理を行うエージェントの視点から、ひとつ例をご紹介します。

賃貸マンション経営を行う上で悩みの種となる、借り入れの元金返済が減価償却費を超える「デッドクロス」対策として、退去が生じるたびにリノベーションを実施するという方法は非常に理にかなったものです。

賃貸マンション経営では、中長期的な手残りを増加させることで資産価値が向上していきます。それが、最終的には資産形成になるのですが、目先の手残りにばかり気をとられ、なかなか毎回リノベーションに踏み切れないというオーナーさんが多くいらっしゃいます。

賃貸マンション経営を相続税対策で始められた方でも、年を経て家賃収入が多くなってくると今度は所得税対策が必要になってきます。年数が経つと元金返済分の月々のローン返済額が増加し、逆に減価償却費が減少していくからです。

つまり、実際にお金は出ていくものの、経費にできない月々のローンは、最初は少ないのですが、経年とともにその額は大きくなっていきます。そして逆に、実際にお金は出ていかなくても、経費に計上できる減価償却は、最初は額が多く、経年と共に減少していきます。

そのため、元金返済のための月々のローンが減価償却費を超えるようになる8年〜12年目以降は、実際の手取り金額よりも帳簿上の不動産所得金額が大きくなります。このように、元金返済額と減価償却費の額が逆転し、節税にならない金額が増加していくことが先ほどから問題となっているデッドクロスです。

デッドクロスに陥ると今度は、支払うべき所得税額が上がっていくことになり、賃貸マンション経営によって、資産形成をするはずだったのが、逆に手元からお金が出ていってしまいます。

デッドクロスに対して有効な対策をとらなければ、黒字倒産ということにもなりかねません。

デッドクロスを回避するには主に次のような5つの方法があります。

(1) 返済期間を延長する。

返済額を減らし元金返済を減らすことができます。ただし、借換えに応じてくれる金融機関を見つける必要があります。

(2) 繰上げ返済を行い、元金返済を減らす。

しかし、そもそも繰上げ返済をする資金をどうねん出するのかという問題があります。

(3) 計画的にリノベーション・大規模修繕をする。

リノベーションをすることで経費を増やすことができるため節税対策になり、デッドクロス対策にもなります。ただし、全てが経費として計上できるわけではないので、経費として一括償却できるものをあらかじめ調べておく必要があります。

(4) 追加の物件を購入する、あるいは建物を建てる。

物件の購入によって、減価償却費を増加させることができます。また、借入による利息(経費)も増加します。

(5) 税金が高くなった物件自体を売却して現金化する。

売却を見越して物件を高く売却するための工夫が必要になります。

デッドクロスの問題からも明らかなように、所得税対策としては短期的な手残りの多さではなく中長期的に手残りが多くなる経営を目指すべきなのです。中長期的な手残りを増加させることで資産価値は向上していきます。それが、最終的には賃貸マンション経営による資産形成にもなるのです。

そのためには投資(支出)を積極的にすることも必要になります。リノベーションや投資などの支出を積極的に行うことで、単純に手残りが増えるだけではなく、建物の価値が上がり、資産価値が増加します。その結果、支出を増やすことで逆に節税しながら手残りも増加します。また、退去のたびにリノベーションをすることで、部屋の価値が上がりますので、年数が経てば家賃が上がっていくということも十分にありえます。海外の賃貸事情では、古い物件ほど価値が高くなる傾向があるので、人々はリフォームやリノベーションを繰り返していきます。

このように、**資産を増やしながら節税対策も実施していくためには、積極的にリノベーションを実施する**ことの他にも、オーナーさんが経営者として所得税や減価償却、帳簿上の金額と実際の手元に残る金額の違いなど、税務知識を知っておくことが必要不可欠です。

しかし、こうした対応に不慣れなオーナーさんが多いのも事実です。だからこそ、当社のようなエージェントの存在が必要なのです。

経営管理的リフォーム&リノベーションの考え方

いまだリフォーム、リノベーションを、現状回復の延長線上のものと考えているオーナーさんは多いものです。経営管理的視点からすればリフォーム、リノベーションは物件を新築同様にする取り組みです。それにより時代や入居者ニーズに応えるものに刷新でき、耐用年数すら変えられます。耐用年数を変えるということは資金繰りにも大きな影響を及ぼします。

ただし、リフォーム、リノベーションにはそれなりの費用がかかるため、及び腰になっているオーナーさんも多くいます。そこで当社では画期的なサービスを開始しました。

オーナーさんの持ち出しはゼロで、フルリノベができる「タダリノ」というサービスです。工事代金は当社で全額負担。工事代金回収までは当社が物件を借り上げし、家賃収入から工事費用を相殺。相殺後にはオーナーさんに家賃収入が入る仕組みです。オーナーさんからすれば手持ち資金を減らさず、物件力も高まり、あらためて新しい入居者が入るわけです。

また、空室になった部屋を当社が10年間借り上げて、10年後に満室にした後にお戻しする「リノリースバック」というサービスも行っています。指定の立地の条件や事故物件NGなどの制約はありますが、原則、当社がリスクを負担して行う取り組みです。これも経営管理にノウハウのある当社だからこそできる取り組みでしょう。

実際、海外の事例をみてみると、マンションの「躯体」のみ借りて、エージェント（会社）がセンスを生かした外装・内装の施工を行い、入居者を集めて、オーナーさんに利益を還元する取り組みがあります。当社もまた最新事例を参考にこうした新たな取り組みを行っているのです。

Chapter 6

賃貸マンションオーナーとしての
SDGsと社会性の追求

地球環境と地域価値までとらえる視点。SDGsに対応したマンション経営

これからの賃貸マンション経営では地球環境と地域価値までとらえる視点をもつことが重要です。一言でいってしまえば、**地球環境に貢献しながら同時に地域価値を高めていくような経営**をしていこうということです。

そのために、まず**SDGs**についてご紹介します。至るところで話題になるのでご存じかもしれませんが、SDGsとは「持続可能な開発目標」(Sustainable Development Goals)のことです。

2015年9月の国連サミットにおいて全会一致で採択され「誰一人取り残さない」持続可能で多様性と包摂性のある社会を実現するための国際目標となっています。2019年9月におこなわれた国連のSDGサミットでは2030年までをSDGs達成に向けた「行動の10年」と定められました。SDGsには17のゴールと169の

ターゲットが設定されています。17のゴールは次に示すとおりです。

・目標1「貧困」あらゆる場所あらゆる形態の貧困を終わらせる
・目標2「飢餓」飢餓を終わらせ、食料安全保障及び栄養の改善を実現し、持続可能な農業を促進する
・目標3「保健」あらゆる年齢のすべての人々の健康的な生活を確保し、福祉を促進する
・目標4「教育」すべての人に包摂的かつ公正な質の高い教育を確保し、生涯学習の機会を促進する
・目標5「ジェンダー」ジェンダー平等を達成し、すべての女性及び女児のエンパワーメントを行う
・目標6「水・衛生」すべての人々の水と衛生の利用可能性と持続可能な管理を確保する
・目標7「エネルギー」すべての人々の、安価かつ信頼できる持続可能な近代的なエネルギーへのアクセスを確保する

・目標8「経済成長と雇用」包摂的かつ持続可能な経済成長及びすべての人々の完全かつ生産的な雇用と働きがいのある人間らしい雇用（ディーセント・ワーク）を促進する
・目標9「インフラ、産業化、イノベーション」強靭（レジリエント）なインフラ構築、包摂的かつ持続可能な産業化の促進及びイノベーションの推進を図る
・目標10「不平等」国内及び各国家間の不平等を是正する
・目標11「持続可能な都市」包摂的で安全かつ強靭（レジリエント）で持続可能な都市及び人間居住を実現する
・目標12「持続可能な消費と生産」持続可能な消費生産形態を確保する
・目標13「気候変動」気候変動及びその影響を軽減するための緊急対策を講じる
・目標14「海洋資源」持続可能な開発のために、海洋・海洋資源を保全し、持続可能な形で利用する
・目標15「陸上資源」陸域生態系の保護、回復、持続可能な利用の推進、持続

可能な森林の経営、砂漠化への対処ならびに土地の劣化の阻止・回復及び生物多様性の損失を阻止する

・目標16「平和」持続可能な開発のための平和で包摂的な社会を促進し、すべての人々に司法へのアクセスを提供し、あらゆるレベルにおいて効果的で説明責任のある包摂的な制度を構築する

・目標17「実施手段」持続可能な開発のための実施手段を強化し、グローバル・パートナーシップを活性化する

以上の17のターゲットにそれぞれ複数のターゲットが存在し、合計で169のターゲットが設定されています。本書では、169あるターゲットについては紙幅の関係でご紹介できませんが、ネットで検索すれば詳しく知ることができますので、一度ご覧になることをおすすめします。なぜなら、ターゲットでは各目標における具体的な行動が示されており、**地球環境に配慮し地域価値を高めていくにあたってオーナーさんや地主さんがSDGsに対応した賃貸マンション経営を行う大きなヒントになる**からです。

賃貸マンションもＳＤＧｓに貢献できる理由

これら17の目標を賃貸経営に活かすとすれば、

・目標３の「すべての人に健康と福祉」と目標11の「持続可能な都市」であれば、**「高齢者や障がい者が暮らしやすい、バリアフリーマンション」**

・目標12の「持続可能な消費と生産」であれば、**「脱炭素など地球環境にやさしいマンションづくりや２００年持続する建物づくり」**

・目標13の「気候変動」、７の「エネルギー」視点では、**「省エネルギー住宅（ＺＥＨ、ＺＥＢ）やＣＯ２削減などの環境マンションの整備」**

などが考えられます。

日本政府は、２０１８年から自治体によるＳＤＧｓを原動力とした地方創生の推進に向けた取り組みを公募し、「ＳＤＧｓ未来都市」を選定し、さまざまな支援を行う取り組みを実施しています。優れた取り組みを提案する都市をＳＤＧｓ未来都市として選出し、中でも先導的な取組を行う都市を「自治体ＳＤＧｓモデル事業」に選定し、資金的に支援を行っています。２０２０年には、大阪からは大阪市、豊中市、富田林市がＳＤＧｓ未来都市に選出されています。この他にも全国で２０２０年までにすでに93都市が選定されています。

このように国と自治体をあげて取り組んでいるＳＤＧｓですが、うまく取り入れれば**賃貸マンション経営においてもメリットが生まれます**。

SDGsをマンション経営に活かすメリット

1点目に、SDGsをうまくマンション経営に取り入れることで、**新たな社会的・地域的価値を創出することができ、将来的には他のマンションと差別化することが可能**になります。

2点目に、**SDGsが打ち出す「サスティナブル＝持続可能」な視点をマンション経営に導入することで、オーナーの資産を将来的に子どもや孫の代まで残す**ことができます。

①200年持続マンション

たとえば、寿命200年のサスティナブルマンションを建設することで、子どもと孫の代までマンション自体を資産として残すことができます。コンクリートは、雨水とＣＯ２が侵入しなければ耐用年数は２００年以上になります。弊社ではコンクリートを二重外壁構造にすることで、それを可能にした「２００マンション」を扱っています。また、堅牢な躯体はそのままに室内を時代に応じてリノベーションできる仕様にします。そうすることで、建て替えが不要になり、より一貫した事業計画と運営が可能になります。

２００マンションでは間仕切りリフォームが可能となっています。これは、これまで複数に分かれていた部屋をひとつにまとめて大きな空間にしたり、反対にひとつの部屋を複数に分割したりするリフォームです。

家族構成に合わせて、暮らしやすくて使い勝手のいい快適な室内空間を整えることで、環境配慮にも、入居者満足にも応えることができます。

②緑のあるマンションづくり

ＳＤＧｓの行動指針「飢饉をゼロ」に、「気候変動に具体的な対策を」という観点では、マンションの屋上に農園をつくり、入居者が集まるコミュニティをつくることも企画のひとつとなるでしょう。

壁面緑化に力を入れたり、空室をつかって水耕栽培をするのも手です。緑豊かな環境に身をおきたい入居者ニーズは確実に存在します（写真1）。ここで弊社で手がけた実例を一つご紹介しましょう。

【事例紹介】中庭が見えるコミュニティマンション（大阪生野区）

築50年以上の古い文化住宅のアパートのオーナーさんから、建て替えのご相談を受けました。実は、ＤハウスやＳハウスなどの大手住宅メーカーからも、提案を受けておられたのですが、その内容は3階建ての9室、駐車場つきといういたってありきたりのものでした。

リノベーションを前提としたプラン

INFILL

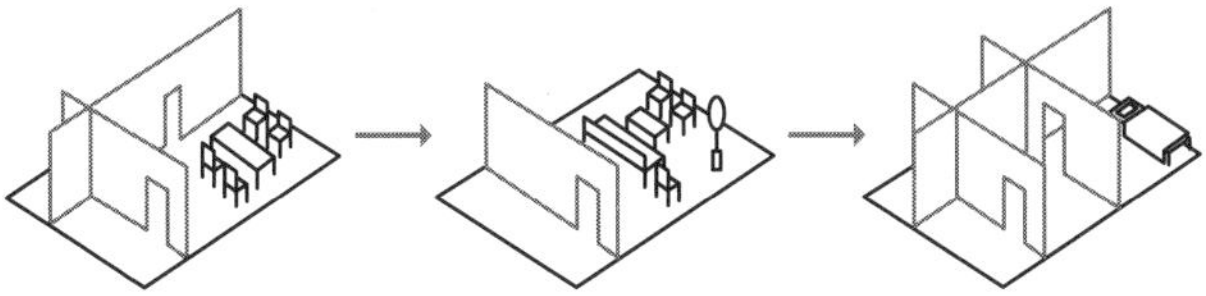

新築時

50年後
たとえば、しきりをとって
広い空間にできます。

100年後
たとえば、しきりを
作って部屋を
ふやせます。

写真1 屋上庭園

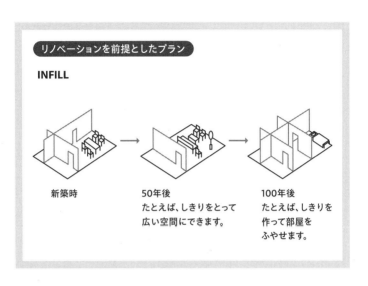

よくよくオーナーさんのご希望を伺ってみると、この地域で生まれ育ち、地元である大阪生野区に愛着があるため、何か地元に還元したいと強く望んでおられました。具体的には人々が集うようなコミュニティをつくり、そこに緑を取り入れたいというものでした。

そこで、弊社は緑のある中庭を設けたマンション（写真2）をご提案したところ、大変喜ばれ採用いただくことができました。現在では、中庭が見える部屋にゲストルームをつくり地域の人々に時間貸しで提供され、お茶会などのイベントを開催されています。

これにより、オーナーさんが望む、コミュニティをつくって地元に還元し、緑も取り入れるという2つの希望を実現することができたのです。

大手住宅メーカーや不動産会社だとあらかじめつくられたパッケージプランしかありませんが、弊社では、この事例のようにオーナーさん一人ひとり、物件一件一件に応じてカスタマイズすることができます。

写真2 当社の事例／中庭のあるマンション

③高齢者が元気になる自立支援型施設

高齢者に配慮したマンションであれば、SDGsの目標3「すべての人に健康と福祉」の取り組みに応えることができます。いわゆる介護施設ではなく、高齢者が元気になるという視点でマンションを企画すれば、ご家族はもとより、働く人たちなども集まり、地域の活性化にもつながるでしょう。

省エネルギー住宅（ZEH・ZEB）の推進

もうひとつ、ＳＤＧｓの目標7番目の「省・再生可能エネルギー、防災・気候変動対策、循環型社会」に応えるマンション企画を取り上げてみましょう。目標として「再エネ・新エネ等の導入促進」があり、そこでは「建築物、住宅における省エネ関連投資を促進（ＺＥＢ・ＺＥＨの推進等）」が掲げられています。

そこで、ＳＤＧｓ対応マンションを考える上で、オーナー側から入居者へ提供できる経済的な付加価値として、省エネルギー住宅（ＺＥＨ・ＺＥＢ）の導入が考えられます。

ＺＥＢとは、net Zero Energy Buildingの略、ＺＥＨは同じくnet Zero Energy Houseの略です。簡単に言うと、建築物の設計などにおいて、電気などの消費エネルギーをゼロとする建物のことをいいます。これによって、電気代をゼロにする物件、さらには家賃すらゼロにできる物件の提供も視野に入ります。また、海外では最初から家賃に光熱費を加えた金額で入居の募集をしているところもあります。

具体的には、太陽光発電や省エネの取り組み、電気自動車の充電器の設置が考えられます。この他にも、内外両断熱工法（ＤＩＦ工法）という特殊な工法で内側と外側の両方から断熱処理を施したマンションでは以下のメリットがあります。

1、超断熱効果(内と外両方の断熱により一般的なＲＣ工法の10倍の断熱効果)
2、抜群のコストパフォーマンス
3、高い気密性
4、環境に優しい
5、プライバシーを守る遮音性能（飛行機の騒音も静かな公園レベルに)
6、１００年も可能な高耐久性
7、群を抜く耐火性

ＳＤＧｓを決して他人事と思わず、ＳＤＧｓをうまく賃貸マンション経営に取り入

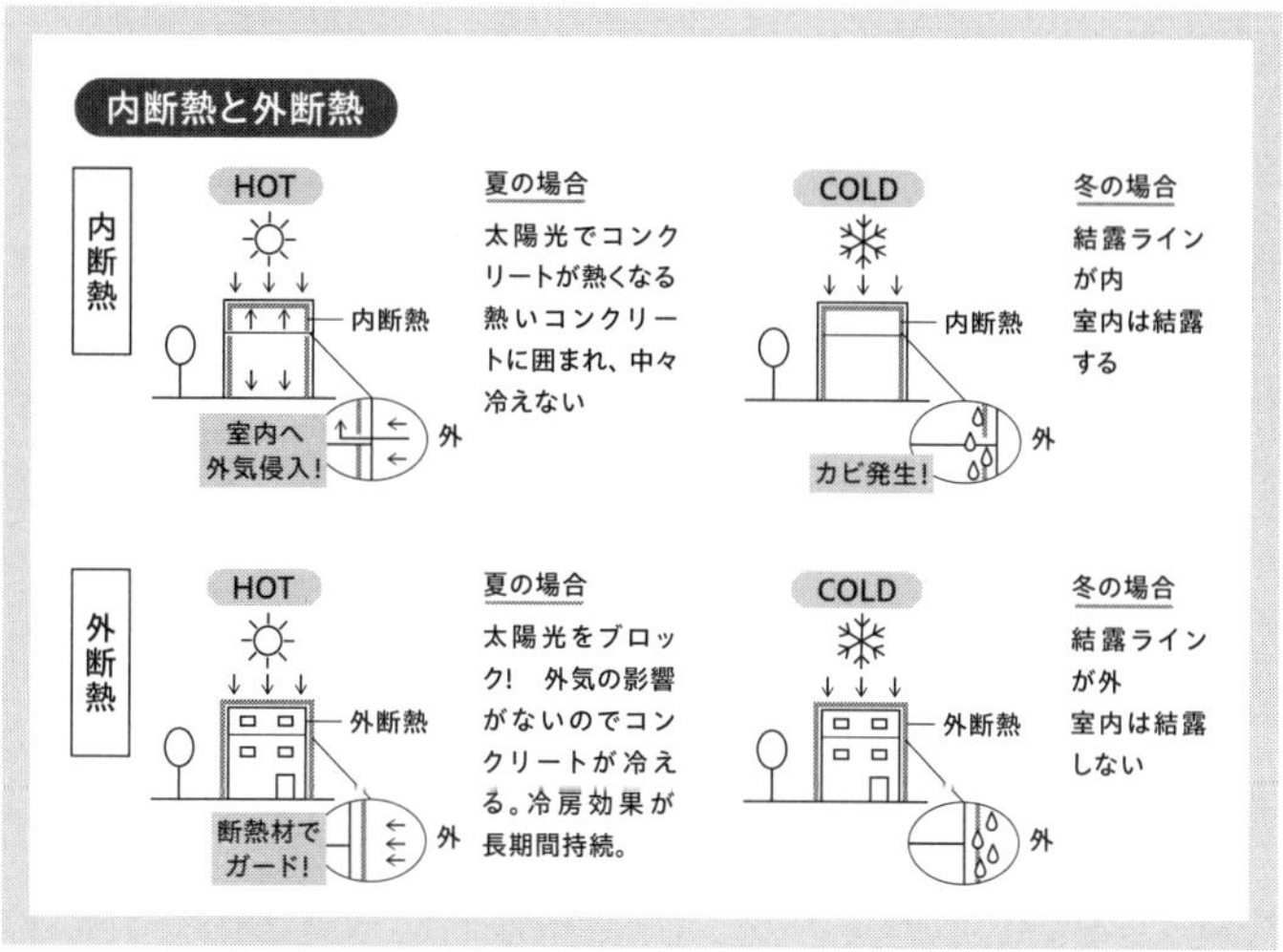
内断熱と外断熱
内断熱
HOT
内断熱
室内へ外気侵入!
外
夏の場合
太陽光でコンクリートが熱くなる熱いコンクリートに囲まれ、中々冷えない
COLD
内断熱
カビ発生!
外
冬の場合
結露ラインが内
室内は結露する
外断熱
HOT
外断熱
断熱材でガード!
外
夏の場合
太陽光をブロック! 外気の影響がないのでコンクリートが冷える。冷房効果が長期間持続。
COLD
外断熱
外
冬の場合
結露ラインが外
室内は結露しない

れれば、他の賃貸マンションと差別化することで入居者に選ばれる部屋にすることができるはずです。また、そうすることで結果として物件価値を上げることにもなるので、財産を後世へ残していくための重要な手立てとなることでしょう。

図11 ZEB・ZEHとは①

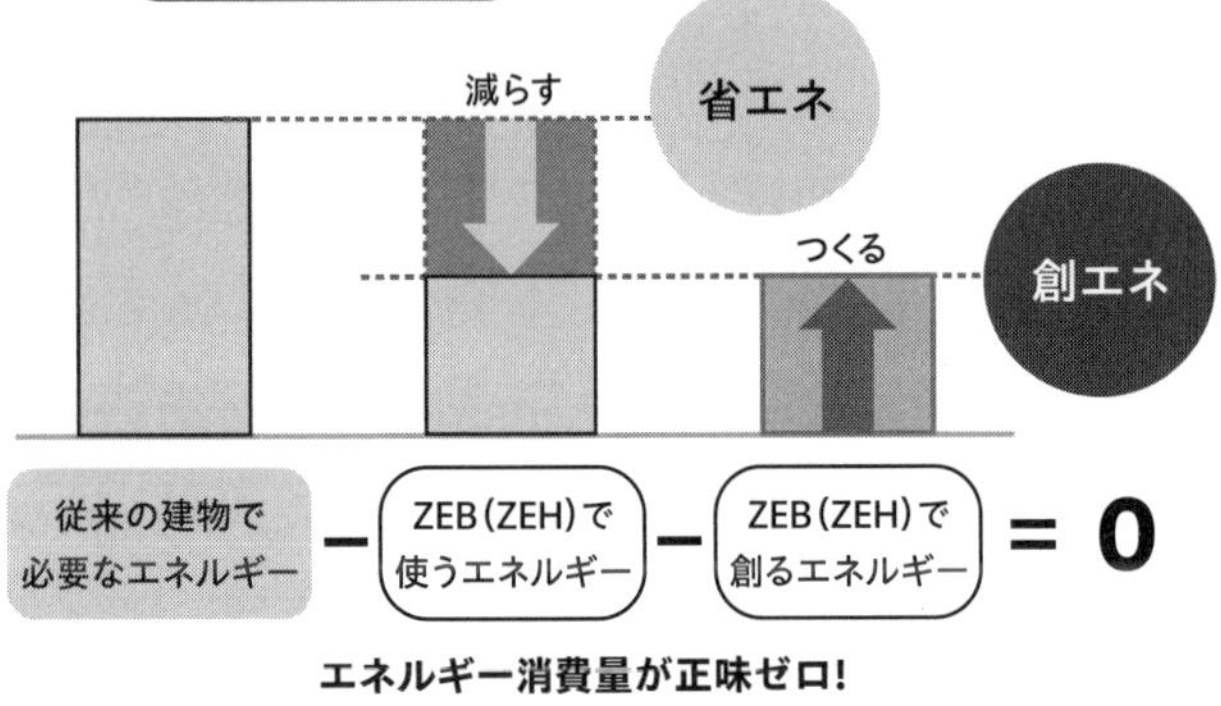

出典:環境省「ZEB　PORTAL」資料をもとに作成

図12 ZEB・ZEHとは②

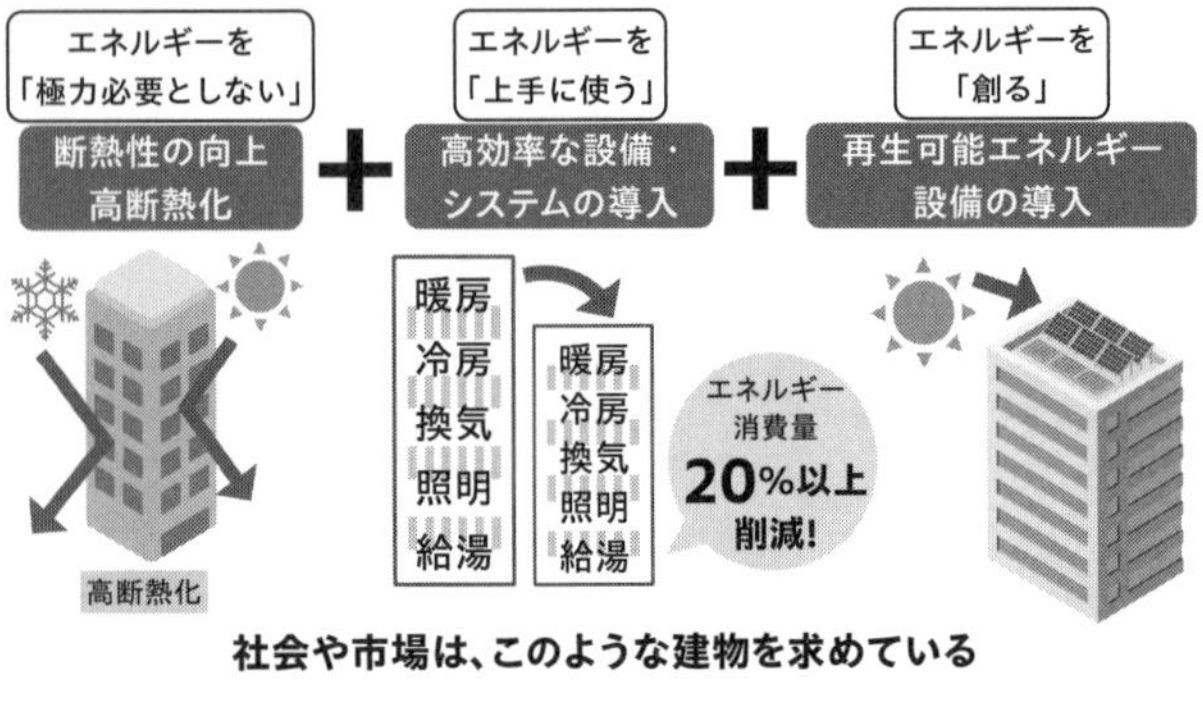

出典:環境省「ZEB　PORTAL」資料をもとに作成

自然災害に対応したマンション経営。オーナーとしての使命

社会性という観点で忘れてはならないことは、オーナーさんや家主さんの使命は、その建物に住む**「入居者の命と安全を守ること」**です。

東日本大震災の際に、大津波が押し寄せてきても残った建物の多くは鉄筋コンクリート構造のものでした。もし仮に5メートルの津波が来たと仮定して、木造と鉄筋コンクリートとでは、どちらが流されずにもちこたえられるかは明らかです。

ハザードマップというものがありますが、これを見ればその地域の自然災害に対する様々な情報を得ることができます。

「断層がはしっているのか？」「どれくらい地盤が固いのか？　もしくは柔らかいのか？」「どれくらいの海抜なのか？」「近くに川はあるのか？」「高低差はあるのか？」といったように、地震、洪水、津波などの自然災害のリスクをある程度知ることがで

きます。

これらのリスクに応じて、たとえば地震に強い免震構造の建物を建てたり、津波に強い鉄筋コンクリートの建物を建てたり、あるいは洪水に強い構造の建物を建てるなどして自身の物件に住む入居者はもちろんのこと、災害時にはそれ以外の周辺の住民の安全も確保できるような建物のコンセプトをオーナーさんは持っておくといいでしょう。場合によっては、その場所に建てずに他の場所を選択することも検討する必要があるかもしれません。

災害に備えてすべきこと

・地震保険に加入
・免震構造の検討
・蓄電池で停電に備える
・自然エネルギーを使い、災害時の電力確保
・家具転倒のない収納をつくる
・災害時のライフライン確保

このようなオーナーさんの入居者の安全を守るという使命を果たすために欠かせないのが、**公益性**という視点です。

たとえば、公益性にもとづいたマンションに行政が認可している**防災認定マンション**というのがあります。これは、分譲マンションの事例なのですが、敷地内に公園があり、そこのベンチが災害時にはコンロに変えられるというものがあります。オーナーさんのメリットとしては、防災認定マンションの認定を受けることで、防災認定基準を満たし、防災力が強化されたマンションであることを入居者にアピールできます。また、認定を受けた新築マンションについては、物件により住宅ローンの金利が引き下げられることもあります。

自分の建物の入居者だけでなく地域の人の命も守る視点があるか？　そのような視点を持つマンションや建物が増えれば、いずれはその地域の街自体が災害に強くなります。公益性の観点からそこまで考えられているかどうかが大切なのです。

そもそも、土地活用やマンション経営を行う目的は、家と財産の継承であり、オーナー自身のためだけに行うものではありません。

マンション経営は会社経営と似ています。顧客がいれば取引先もいます。マンション経営における顧客とは、当然ながら入居者のことを指します。そして、取引先とは、賃貸不動産会社や建築・リフォーム会社などのことです。会社経営を想像すれば、顧客も取引先も幸せになる経営が求められます。

賃貸マンション経営というのは、単なるビジネスではなく、**資産価値**、**暮らしの価値**、**地域の価値**という3つの価値を高める公益性のあるビジネスです。なぜなら、賃貸マンション経営という事業が、オーナーさんの**資産価値**を高めるものでありながら、「衣食住」の住としてマンションに住んでくださる入居者の命を守り、かつ入居者一人ひとりの多様なライフスタイルを実現するお手伝いをすることで、**暮らしの価値**を高めることになるからです。また、賃貸マンション経営という事業は、基本的には人を集めないといけない事業です。マンションを建設してそこに入居者がたくさん集まれば、地域にも人を呼び込むことになり、**地域の価値**を高めることにもなります。

「社会価値・顧客価値・物件価値」に応えるマンション経営

賃貸マンション経営は単なる金儲けのビジネスではなく、社会課題を解決するような公共性のあるビジネスです。社会課題を解決するマンション経営を行っていくためには、オーナーさんや地主さんが大切にしなければならない重要な価値が3つあります。

社会価値：社会性（公益性）を追及していくこと
顧客価値：入居者満足のための手を打っていくこと（入居者価値の追及）
物件価値：利益確保（高い家賃で、高いテナントリテンションを実現させる）

単純にビジネスとして利益を得るという観点からは、高い家賃を払ってくれて更新を長引かせてくれる入居者を確保すればよいのです。しかし、社会課題を解決する公共性のあるビジネスとして継続的に行っていくためには、「好循環経営」をしていく必要があります。好循環経営とは、空室の増加、家賃の下落、問題のある入居者という悪循環の逆の循環のことで、**継続的な入居、家賃の維持（あるいは上昇）、優良入居者**という要素の好循環になります。先にあげた3つの価値を重視しながら、実際はどのように好循環経営を行っていけばいいのでしょうか？

答えはシンプルで、**入居者に選ばれる物件をつくり提供すれば良いのです**。入居者に選ばれるためには、**入居者の暮らしを豊かにする空間をつくる**必要があります。すでに物件をもっている人は、今ある物件のリノベーションなどを利用してそのような空間をつくるのが理想ですし、これから物件を建てるという人は、最初から入居者の求めているものを物件を通じて実現することが理想になりますので、入居者に選ばれる物件力の高さが必要です。

安心・安全もオーナーの責務。犯罪のリスクに備える

第1章の環境変化の章でも触れましたが、経済成長が不透明な日本の将来を想像すると、今後は経済的に困窮する人々が増えてくるかもしれません。これは単に経済の問題にとどまらず、「犯罪」にも関わってくる大きな問題です。なぜなら、一般的に**失業率と犯罪率は相関関係にあることが知られている**からです。

つまり、失業したり経済的に苦境に立たされる人が増えると、犯罪率も上昇します。実際に貧困率の上昇が犯罪率を引き上げることがわかっています（大竹文雄、小原美紀、2010「失業率と犯罪発生率の関係─時系列および都道府県別パネル分析」『犯罪社会学研究』（35））。

防犯対策は、入居者を守るだけでなく、オーナーであるあなた自身を守ることでもあります。もしオーナーさんの物件で犯罪（空き巣、自殺など）が起こってしまうと、

その物件での家賃収入がなくなり、売却することも難しくなる可能性があります。つまり、賃貸マンション経営において防犯対策は必須事項なのです。

一般的に分譲マンションは防犯のグレードが高い傾向にありますが、賃貸で防犯対策に力を入れているというのはまだ少数です。防犯を考える上でセキュリティの3段階という考え方があります。

①個々の住居スペースの鍵だけ（玄関の鍵など）
②建物の鍵（オートロックで建物に入れない）
③建物が建っている敷地そのものにも入れない（軍事基地や大学キャンパスなど）

防犯の基本的な考え方は、まずは外部からの侵入を防ぐというものです。たとえば、今から30年、40年前の木造のアパートを想像してください。防犯対策と呼べる代物ではなく、鍵それも簡単に開けられる代物しかついていませんでした。しかし、今日それでは入居者も不安がって契約しないでしょう。今では最低でもワンドアにツーロックが当たり前となっています。

その他の対策としてオーナーさんの中には防犯カメラ、センサー、窓ガラスが割れにくくなる防護フィルムなど使って防犯効果を高めていらっしゃる方もおられます。

以上は、「防犯設備」という防犯対策のハード面に頼った対策になりますが、それだけでは防犯対策としては十分ではありません。物理的な対策以外にも、入居者とのコミュニケーションを日頃からよくとって、入居者の状況を把握しておくことで犯罪の発生や孤独死といった事件を事前に防ぐことにつながります。

弊社では、自社で手がけるマンションに単身女性専用の防犯に特化した「防犯マンション」があります。それが、Signorinaです。この防犯マンションでは、マンションの設計段階から不審者が容易に出入りできない構造にして、さらには犯罪者の目線に立った侵入ポイントを徹底的に排除していきます。

さらに、ソフト面での防犯策として、入居者の防犯のための意識改革も行っていきます。まず、啓蒙活動として入居者向けの防犯に関する情報の発信、周辺のハザードマップの配布を行います。他にもたとえば、防犯のプロと連携して、オーナーさんや入居者向けの防犯に関する講演などのイベントを実施しながら、防犯対策の充実を図っていきます。

このSignorinaではセキュリティー設備というハード面の強化と防犯意識づくりというソフト面の両輪によって安心・安全な住まいを実現しています。女性を狙ったストーカー犯罪や住居への侵入犯罪が増えている昨今、「安心して暮らしたい」というニーズは高まる一方です。

このような単身女性専用マンションの導入事例としては、弊社で大阪市北区で働く女性をターゲットにした企画で、相場家賃よりも2割以上高い家賃設定でご提案した事例があります。結果は大成功で、2割以上も高い家賃にもかかわらず、梅田で働く女性たちに人気の物件となっています。

Chapter 7

これからの賃貸経営のために
知っておきたい、
海外賃貸事情

私は世界中の都市を視察し、賃貸事情をリサーチしています。巷間、欧米などの最新事例が数年後に日本でも流行するとも言われるように、他国の事例や慣習を参考にすることは、将来の賃貸経営を見据えた上で、とても重要です。日本国内だけでなく**海外の賃貸経営にも目を向けて、今後の日本の賃貸経営がどのように変わるのかその影響を予測し、準備しておくことが大切です**。

みなさんも各国の事例をヒントに、ご自身のマンション経営に活かしてください。

※情報及び為替相場などは、2018年6月のものです。

賃貸経営に対するマインドの違い

欧米では日本と違い短・中期的に居住し転売を繰り返しながら住処を変えるため、建物メンテナンスを積極的に行います。欧米では最初から売却時のことを見据え資産として建物を捉えている一方で、日本では所有したらそこに長期的に住み続けるという考えが一般的なため、売却して別の住処に移るという考えにはなかなかなりません。そのため日本では欧米と違って建物に対するメンテナンスを積極的に行っていないという実態があります。

さらに、欧米と日本では家賃に対する考え方も大きく異なります。日本では毎月の支払いが一般的ですが、例えばオーストラリアでは賃貸契約を締結する際、ひとまず6か月間契約を結ぶことが好まれています。この6か月のうちに「入居者が部屋を壊したり、転貸のような違反行為をする人ではない」ことを確認するためです。

また、ドバイでは、基本的には年間の家賃をまとめて一括払いするという方法が一般的です。年間家賃を3～4回の分割で支払う方法もありますが、その場合は、クレジットカードの分割払いのように、一括払いよりも支払い総額が高くなる傾向にあります。

では、より詳細に各国の特徴を取り上げます。

賃貸経営に欠かせないエージェントの存在

ニューヨーク、ロサンゼルスなど、アメリカ各都市に共通している慣習は、以下となります。

①契約にはSSNが必要な場合が多い
②礼金がない
③管理費がかからない
④サブリース（シェア）は当たり前
⑤エージェント（営業担当員）

では、ひとつずつ、解説していきましょう。

契約にはSSNが必要な場合が多い

SSN（ソーシャルセキュリティーナンバー）とは、日本で言うマイナンバー（個人番号）のことです。一般的なアパートやコンドミニアムに住む場合、契約時に必ず求められるのがSSNです。貸主はこの番号から借主のバックグラウンド（金銭的信用）を調査します。

SSNは、収入があり、税金を納めている記録であり、米国内で収入がある人は全員が持っているものです。これにより与信をはかります。

礼金がない

法律も賃貸契約も単一な日本とは違い、アメリカでは州ごとに慣例が異なります。たとえば、ロサンゼルスでは一般的に入居時の礼金はありません。

ただし日本で言う敷金（デポジット）はあります。退去時に原状復帰の費用を差し引いて、貸主に返却します。多くの場合が、入居時に家賃の1か月分です。初月と最終月分の2か月分を請求するということもあり、ケースバイケースです。

管理費がかからない

管理費がかからない分、管理に関する費用は入居者が負担するのが一般的です。ですので、管理費のある日本ほど、入居者へのサービスは良くない、気にかけない慣習があります。

電気が切れても、網戸が取れてもその修理をするのは入居者が行うのが第一選択肢であり、貸主が行う際は、当然費用を請求します。

サブリース（シェア）は当たり前

日本では自分で借りた家を許可なく誰かに貸すというのは契約違反となるのが一般的です。しかし、アメリカではルームシェアという文化が当たり前なので、長期滞在する留学生ならば半数以上が、ルームシェアをして家賃を節約しています。

留学生らは、SSNがなく賃貸契約が難しいというのも背景にはありますが、貧富の格差が大きいアメリカでは、人と人が協力しあって生活をしています。

しかし、日本人のイメージするルームシェアとはちょっとイメージが異なるかもしれません。家は一緒でも、一緒に食事をするわけでも、一緒にクリーニングするわけでもありません。お互いの生活が独立していて、一緒に生活をする仲間というより、単純に節約を目的に住居を共にする同居人という感じでしょうか。

なかには一軒家の一部屋を誰かに貸し出す家族などもいて、プライベートを守りながら、共同生活をしています。

エージェント（営業担当員）

本書でも何度もお伝えし、これからの日本でも必須となるであろうエージェントの存在は、アメリカではすでに当たり前です。エージェントは家探し・入居者探しの重要なパートナーとなっています。

入居者の勤務地や家族構成を基に、複数のエージェントが空室物件の調査を行い、希望の時期や条件に合う候補物件をあらゆる情報網の中からくまなく探し出します。

アメリカでは一部の大都市を除き、入居者募集だけをする仲介会社は存在しません。オンサイトマネジャー（日本でいう管理人）が、入居希望者への物件案内や賃貸借契約の締結、家賃の受け取り、建物や設備の保守点検、入居者対応など広範囲な業務を受け持ちます。そのため、賃貸住宅の一室に住み込み、常駐していることが多いです。

また、日本では、相続対策などで自分の土地に賃貸住宅を建てて大家業を始めるといった、個人のオーナーが数多くいます。しかし、アメリカでは、賃貸住宅は投資商品の一つととらえられているので、高い利回りを上げて高く売って、より利回りの高い次の物件を買うといったオーナーがほとんどです。

そのため賃貸経営の収益性が重視されます。その物件を担当する賃貸管理会社の「プロパティマネジャー」が、年初に予算を作成し、オーナーに提案。以降も毎月オーナーに収支報告をします。そして、先述のオンサイトマネジャーの給与や入居者募集の広告費、建物の修繕費、入居者向けのコミュニティ活動費などのすべてをオーナーが負担するので、プロパティマネジャーの役割は非常に重要です。

なお、何度も引越しをするのがアメリカの国民性なので、入居者の入居期間は日本よりも短くなっています（平均約1年7か月）。そのため家賃の滞納には厳しく、入居審査では信用調査会社の調査も入ります。家賃の滞納をすると滞納履歴が残るため、たとえ他の都市に移っても賃貸住宅が借りづらいという構図になっています。

独自の入居までの流れ

イギリスの賃貸事情について、入居までの流れは次ページ図の通りです。太字の箇所が日本ではあまり馴染みのない言葉や習慣なので、解説します。

オファーとは、賃貸・アパート物件の契約を申し込むことで、その際に家賃や契約期間、家具の追加など契約条件を大家に伝えます。募集条件より低い家賃でオファーを出すことも可能ですが、その場合、大家側が有利な立場になるため家具の追加などの希望が通りにくい傾向にあります。募集条件より高い家賃でオファーを出すと、家具の追加などの希望が通りやすい傾向にあります。

レファレンスチェックとは、入居者の職業や収入などを審査することです。日本でも賃貸・アパート物件の契約の際に審査がありますが、イギリスの場合は日本よりも

厳しく審査されます。

インベントリーチェックとは、賃貸・アパート物件の入退去時に入居者と大家と第三者により物件の状態を確認することです。入居時に家具や物件設備の破損や汚れなどの状態を記録したインベントリーチェックリストを作成し、そのチェックリストを基に退去時の状態を確認します。チェックリストにない新たな破損や汚れなどが見つかった場合、修繕費として入居前に預けた敷金から差し引かれます。なお、入居時のインベントリーチェック費用は大家が負担するのが一般的です。

フランス

日本以上に契約社会、空き家税にも着目

フランスは日本以上に契約社会です。不動産屋を介してきちんとした契約を交わすことで、入退去に関するリスクを減らしています。また原則として、賃貸借契約に在仏の連帯保証人を求められます。ただし、本人の給与が家賃の4倍以上あり、銀行に一定以上の預金があれば、そういった連帯保証人は不要です。またどうしても在仏の連帯保証人がいない場合、一定額を銀行に預け、それを担保とする「銀行保証」も家賃の保証方法として生かされています。

また、契約書のみならず〝etatdes liex〟（エタデリュー：現状確認）を書面として残して入退去時に大家と入居者がチェックをする必要があることや、退去届の方法や

期間が日本と比べても厳しいのも特徴です。

また、1998年より、空き住居税が創設されています。20万人以上の都市で、最低2年間空室になっている不動産に対して空き家税が課されています。貸す努力をしていない不動産には税金をかけるという考え方に基づいています。

ドイツ

家具付、光熱費込物件は当たり前

ドイツでは洗濯機や冷蔵庫などの家電、ベッドや布団といった家具などが部屋に備え付けになっていることが多く、ほとんどの部屋が入居と同時に生活することができます。

また、光熱費込みとなしの選択肢もあります。契約した一定額を上回ると余剰分を請求されるというシステムです。

ルームシェアやまた貸しも一般的で、また貸しは法的にも認められています。なので、仕事や学業などの何らかの事情で一定期間アパートに住むことができない場合、期間限定で貸し出すことが多いです。

ルームシェアのスタイルは、大抵はバスルーム・キッチン・リビングルームを共有し、それぞれの住人が個室を持つ形でアパートに一緒に住みます。一緒に住むことでお金を節約することを目的にしたタイプと、住人同士で深い交流をすることが目的の2タイプがあります。

入居希望者が組合を結成して、土地取得・設計者・建設業者などの手配をし、共同で建設した住宅があるのも特徴です。日本でいうところのコーポラティブハウスです。

なお、家賃は法律で、一年に一回以上値上げしてはならない決まりがあり、家主は「3年間で賃料を15%以上上げてはいけない、また家賃値上げには相当の理由が必要になる」という取り決めもあります。

イタリア

古い建物にも価値がある

イタリアの賃貸物件の特徴というとまず挙げられるのは、築年数が長く経過した物件が多いことです。築20、30年の建物が多く、築200、300年以上のものもあり、中には文化財となっている物件もあります。

古い建物であっても価値があるという考え方から不動産価格も上がり、比例して家賃も高騰しているため、ローマやミラノなどの中心地区では学生など若者が1人で住むことは難しく、複数人でシェアして住むことが一般的です。ミラノの家賃相場は東京と同じくらいか高めです。

また、家賃を先払いするシステムがあったり、家賃に光熱費が含まれるケースがあるのも特徴です。物件の契約によって異なりますが、光熱費を自分で払う場合、日本のように毎月検針があるのではなく、2、3か月に一度、前年の使用料に基づいた予測請求がくるという仕組みとなっています。

スペイン

オンラインやコネで、物件探し

スペインの特徴は賃貸よりも持ち家主義ということです。国民の約17％しか部屋を借りていません。また、一人暮らしよりもアパートシェアが主流です。

物件の探し方は、不動産業者に直接出向くか、オンラインサイトで物件を確認しますが、知人の紹介や口コミやコネで探すという人も多く、その方がいい物件に出会える可能性が高いと言います。

賃貸契約は、基本的には第三者である不動産業者が間に入って契約を結ぶことが多く、不動産業者に依頼した場合、日本と同様に礼金を支払う慣習がスペインにもあります。なお、大家は好きな値段に家賃をアップできますが、大幅に値上げするときは1か月前に文書で通知することが義務付けられています。

オーストラリア

6か月間のお試し期間あり

オーストラリアでは、賃貸契約を結ぶ際、まず6か月間契約を結ぶことが好まれています。その理由は、「テナントが家を壊したり、また貸しのような違反行為をする人物ではないことを確認するため」。ですので、6か月ごとに「Inspection（点検）」といって、テナントが家を破壊するような行為をせず、また貸しなどもすることなく住んでいるか、不動産屋が点検を行います。

オーストラリアの家賃は月ではなく、週計算なのも特徴です。日本円にして都市部でルームシェアの場合週約1・5万円、一人暮らしなら週約2万円が相場です。

ニュージーランド

国民的アプリで家探し

賃貸契約は期間固定契約、期間を限定しない契約方法の2つがあります。最初の契約時のみ6か月の期間固定契約をし、その後、期間を限定しない契約への移行を望むオーナーが多い状況です。

また、ニュージーランドでは、物件を探す場合、①知人友人の口コミ、②入居者自ら足で探す、③スーパーマーケットの掲示版、④新聞の広告、⑤不動産屋に行く、⑥TradeMe（国民的オークションサイトアプリ）を使う慣習があります。

TradeMeでは住まいだけでなく、自動車や仕事など生活に関わるあらゆるものが取引されています。

シンガポール

貸主・借主双方のエージェントが取引

シンガポールの民間不動産取引においてはこれまで資格制度がありませんでしたが、2010年から資格制度、関連法案が施行されました。いまでは貸主・借主双方のエージェントが当事者に代わり、取引を行っています。賃貸物件を借りる際、オーナーと入居者が直接やりとりをして契約することはほとんどありません。

賃貸物件の契約時は、日本の敷金のように、家賃2か月分（Deposit：デポジットと呼ばれ、退去時に返却される）と仲介料として家賃1か月分を支払う必要があります。賃貸契約期間は原則2年間。2年間の契約期間中は、一定の期間より前に事前告知すれば退去できる日本とは違い、入居者の自己都合による退去は認められないのも特徴です。

外国からの駐在員も多いため、コンドミニアムが人気で、プールやジム、プレイグラウンドやミニマートなどが完備されていることが多く、またセキュリティガードも常勤しています。契約期間中の退去は原則認められませんが、「ディプロマティック・クローズ」という、転勤などの特殊事情の場合、契約後の一定期間を経た後に契約を解除できる特別条項という慣習もあります。ただしその場合も、契約時に貸主が仲介業者に支払った仲介料を弁済するという形で、日割りで家賃を保証しなければなりません。

香港

家賃前払い、家賃変動が当たり前の文化

香港では、賃貸物件の入居時に「1か月分の保証料、3か月分の家賃」を前払いするのが一般的です。契約期間も1年ごとが基本で、家賃据え置きではなく、値上がりが当たり前という慣習があります。そのため、貸主に差額を要求されたり、中途で退去することになった場合に返金されないということがあるため、家賃の一括納入という文化が浸透していません。管理費も毎月の支払いとなり、毎年変動します。

また、家賃と管理費の他に、不動産使用税を3か月に1度、納める必要があります(政府が査定した物件の年間家賃の5・5%を4回で分納)。こちらも毎年見直しがあります。

入居審査や保証人制度がないのも特徴ですが、香港に拠点があることが基本条件ですので、法人名義の場合は香港登記登録書、個人名義の場合は香港ＩＤ、在職証明や収入証明などが必要となります。

アラブ首長国連邦（ドバイ）

家賃年間一括払いが一般的

ドバイでは、年間の家賃をまとめて一括払いする方法が一般的です。3〜4回に分けて払う方法もありますが、一括払いよりもやや価格が高くなる場合があります。

賃貸物件には、ホテルアパートメント、サービスアパートメントなどがあり、ホテルと同じようなサービスが受けられるサービス付きのアパートがあります。週数回の掃除、ベッドメイキングなどがあり、家具・家電光熱費も家賃に含まれており光熱費も賃料に含まれるのが特徴です。

一般賃貸物件には、アパート、ヴィラなどがあり、家具の有無なども含め様々なタイプがあります。家賃はホテルアパートに比べ1、2割程度安価ですが、毎月のランニングコストは入居者負担となります。物件は、ピンからキリまでありますが、ワンルームの家賃は日本円にして13万円〜／月が相場です。

そして、物件を紹介してくれた不動産会社に対して、仲介費として年間の家賃の5%、もしくは不動産会社が定めた一定の仲介費を支払う必要があります。

入居者は、DEWA（ドバイ電気水道局）を通じて自ら、水道光熱を契約する必要があり、インターネットやテレビも自ら通信会社と契約します。

また、政府に対して家の借主であることを登録する必要もあり、日本円にして約6000円かかります。

解約については事前通知が必要で、途中解約の場合には事前通知とペナルティが発生します。

3か月前通知が原則で、不履行の場合は家賃2か月分のペナルティが課せられるのが一般的です。

また、借地借家法によって、借家契約の更新時、家賃の値上げ率の上限が5%と定められており、最初の賃貸借関係の開始日から2年間が経過するまでの間、賃料を値上げしたり、その他の契約条件を変更してはならないという制約もあります。

スリランカ

複雑な法律で制約のある不動産取引

スリランカの不動産の法制度は、オランダ占領時のオランダ法、イギリス占領時のイギリス法、そしてパーソナル法とで構成されます。パーソナル法とは、宗教・民族に依存した地域法で、各州によって異なります。該当地域では宗教・民族に関係なく、これらのパーソナル法に従って、所有権、継承、不動産売買などが律せられます。なお、ムスリム法は国内のムスリムに対して常に適用されます。

スリランカでは自分で家を借りることはもちろんですが、ホームステイやルームシェアなどによる不動産活用も盛んです。一度家を決めてしまえば、水道光熱費や食費などは安く済ませられるので、様々なスタイルがあります。

なお、家賃は立地や建物のグレードによってピンキリですが、外国人向けの高級物件は、日本円にして月額約9万円以上というのが相場です。

日本にも訪れるであろう、空室税の問題

海外では、入居者が入っていない空室に対して税金を課す**空室税**が存在します。フランスの例では、人口20万人以上の都市にあって、なおかつ2年間以上空室になっている不動産に対して空室税が課されます。

空室税の背景には、「貸す努力がなされていない不動産に対して課税する」という考え方があります。したがって、「貸す努力をしているにもかかわらず、入居者が見つからない」といった場合には課税の対象外となっています。

ちなみに、空室税の税率は、空室期間と物件価値を基準に算出され、年を経るごとに増加していきます。

たとえば、1年目は物件価値の10％、2年目は12・5％、3年目は15％と増加していき、パリ市内だけで1万5000件の不動産に空室税が課されているといわれてい

ます。

日本ではまだ空室税はまだ導入されていませんが、**今後導入の可能性もないとはいえません。もし空室税が導入された場合は、空き家の場合と同じく空室ができることでオーナーさんや、地主さんの支払うべき税金が大幅に増えることにもなりかねません。**

空室の問題に対処するために、**最初から空室をつくらない物件を企画し、経営管理をしていくことがますます重要**になってきます。

おわりに

最後までお読みいただきありがとうございました。

30年後を見据えた、未来の賃貸マンション経営について、これからの環境変化やその対応の仕方、エージェント（CPM、PMなど）との連携の重要性について解説いたしました。

当社は創業以来、オーナーさまのために事業を行ってまいりました。その姿勢は今後も変わることはございません。ぜひ、オーナーさんとともに、「入居者」や「地域」の幸せを実現する取り組みをご一緒したいと願っています。

時代の変化も含め、賃貸マンション経営を取り巻く環境は、常に変化していきます。オーナーさんひとりだけでは決断しづらい場面も出てくるでしょう。それだけに、当社も含め、良きパートナーや専門家との連携が必要となります。

はじめにで、オーナーは指揮者になればいいともお伝えしました。賃貸マンション経営を事業としてとらえ、オーナーさん自らがタクトを振って、建築、税務、管理など、多岐にわたる分野の専門家とともに成功を目指す体制をつくってみてください。

最後に、本書執筆にあたり、いままでお世話になったオーナーさまや、お取引先の方々に感謝を申し上げます。ご一緒した経験や知見が、本書につながりました。

また、いつも会社やオーナーさん、入居者さんのために頑張ってくれている進和建設工業の社員一同にも感謝いたします。いつもありがとう。

そして、常に私を支えてくれている家族や、亡き父・母にも感謝いたします。

「日本一、人を幸せにする会社になる。」というビジョンを、これから先、30年後とは言わず、それ以上に続けていくのが、私の願いであり、方針です。

オーナーさんとともに、素晴らしい未来が描けるよう、これからも精進してまいります。

2023年9月吉日
進和建設工業株式会社
代表取締役　西田芳明

[読者特典]

本書をお読みいただきありがとうございました。

本書の内容に共感していただいた方、また賃貸マンション経営に課題を抱える読者の方に向けて読者特典（60分無料相談）のご案内がございます。

具体的には以下のようなものが可能です。

□市場調査

オーナーさまがお持ちの物件の周辺家賃相場や入居率、どのような属性の入居者の方がお住まいなのかをリサーチ。そのデータを基に事業計画などをアドバイスいたします。

□投資分析

修繕やリフォームの費用対効果や所得税対策、資金繰りなどについて専門指標を用いて分析し、収支の見直しをアドバイスいたします。

□事業計画書の作成

オーナーさまへ賃貸経営にかかわる収支計画や中長期の事業計画をご提案します。30年間の長期事業計画の中で、年度ごとのキャッシュフロー（手取り）が見えるようになります。

□セカンドオピニオン

他社から提案のあった設計図面や事業収支を、当社の視点から分析し、セカンドオピニオンとしてご提案差し上げます。比較検討の材料にしてください。

上記以外にも、本書に対するご質問や、賃貸マンション経営でのお困りごとがございましたら、以下連絡先にお問合せください。

QR

TEL

072-252-1049

［著者略歴］

西田芳明（にしだ・よしあき）

進和ホールディングス株式会社 代表取締役
進和建設工業株式会社 代表取締役
株式会社資産パートナープランナーズ 代表取締役
株式会社進和ホーム 代表取締役
FBAAファミリービジネスアドバイザー／建築コンサルタント／一級建築士

1951年大阪府堺市生まれ。1987年4月に2代目進和建設工業代表取締役に就任。

「地域密着」で建設事業と資産コンサルティング事業を展開し、これまでに750棟以上の賃貸マンションなどを建築。現在でも入居率95%以上を維持するとともに、さらなるマンションの開発、技術の向上、低コスト化などにも力を注いでいる。

その一方で、自らの使命は「人づくり」にあると感得。経営理念を見直すなど、社員の価値観を高める教育にも積極的に取り組み、世の中に役立つ人づくりを目指している。

著書に、『トップは志（ひと）をつくりなさい』『頭が勝手に働き出す思考法』（現代書林）、『行列ができるマンション経営』（しののめ出版）、『土地活用の成功学』（クロスメディア・パブリッシング）、『中堅建設会社が実践する「家計簿経営」』（プレジデント社）、『真の富裕層になるための3つの鍵』（麻布書院）などがある。

家主・地主・オーナーのための
30年後も選ばれ続ける「未来」の賃貸マンション経営

2023年10月11日　初版発行

著　者　西田芳明
発行者　小早川幸一郎
発　行　株式会社クロスメディア・パブリッシング
〒151-0051 東京都渋谷区千駄ヶ谷4-20-3 東栄神宮外苑ビル
https://www.cm-publishing.co.jp
◎本の内容に関するお問い合わせ先：TEL（03）5413-3140／FAX（03）5413-3141

発　売　株式会社インプレス
〒101-0051 東京都千代田区神田神保町一丁目105番地
◎乱丁本・落丁本などのお問い合わせ先：FAX（03）6837-5023
（受付時間10:00～12:00、13:00～17:30 土日祝祭日を除く）

service@impress.co.jp
※古書店で購入されたものについてはお取り替えできません

印刷・製本　株式会社シナノ

ISBN978-4-295-40468-2　C2034